CE LIVRE EST UNE INTERPRÉTATION ARTISTIQUE DE NANCY BÉLIVEAU SUR LA VILLE DE QUÉBEC

Québec est une ville magique ou on s'évade dans un monde enchanteur et un environnement rempli de beauté!

Vous trouverez également des informations intéressantes sur votre visite, ainsi que des informations historiques et culturelles sur cette belle ville dans ce livre magnifique créé entièrement à la main par Nancy Béliveau.

THIS BOOK IS AN ARTISTIC INTERPRETATION OF NANCY BÉLIVEAU ON THE CITY OF QUÉBEC

Quebec is a magical city that gives you the feeling that you are on an adventure in an enchanting world and an environment filled with beauty!

You will also find interesting visiting information, as well as historical and cultural about this beautiful city in this wonderful book created entirely by hand by Nancy Béliveau.

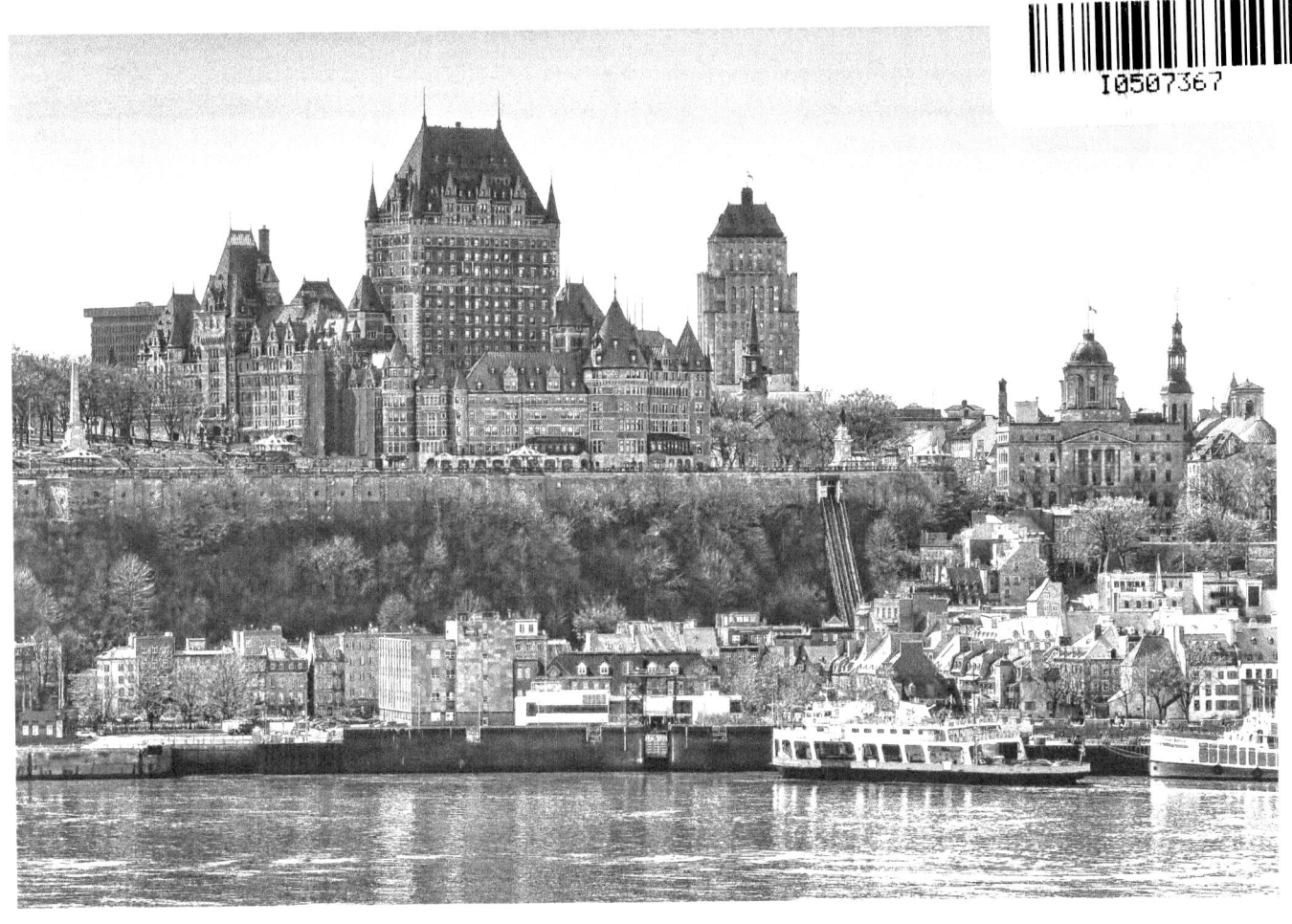

USE THIS PAGE TO TEST WHEN USING MARKERS. PUT UNDER THE DRAWING YOU COLOR JUST TO MAKE SURE IT DOESN'T BLEED ONTO THE NEXT DRAWING WHEN YOU USE FELT, INK OR ANY WATERBASE MARKERS.

YOU CAN USE ACRYLIC PAINT <u>WITHOUT</u> DILUDING IT IN WATER. IT WILL NOT GO THROUGH, BUT IF YOU USE SHARPIE MARKERS BECAUSE OF THE ALCOLHOL CONTENT IT GOES THROUGH THE PAGE.

The paper becomes a bit wrinkled when using acrylic paint, but it gives it a nice effect

It is recommended to test and see

UTILISEZ CETTE PAGE POUR TESTER LORS DE L'UTILISATION DE MARKEURS/FEUTRES. METTEZ-LA SOUS LE DESSIN QUE VOUS COLORIEZ POUR VOUS ASSURER QU'IL NE TRANSFERT PAS L'ENCRE SUR LE PROCHAIN DESSIN. CECI S'APPLIQUE POUR TOUT MARQUEURS, FEUTRES, OU ENCRE.

VOUS POUVEZ UTILISER LA PEINTURE ACRYLIQUE <u>SANS</u> LA DILUER DANS L'EAU, MAIS SI VOUS UTILISEZ DES MARQUEURS 'SHARPIE' EN RAISON DU CONTENU D'ALCOLHOL, LA COULEUR VA SE TRANSFÉRER SUR L'AUTRE PAGE.

Pour l'acrylique, le papier va gondoler un peu et donnera un effet intéressant

Il est recommandé de tester pour voir

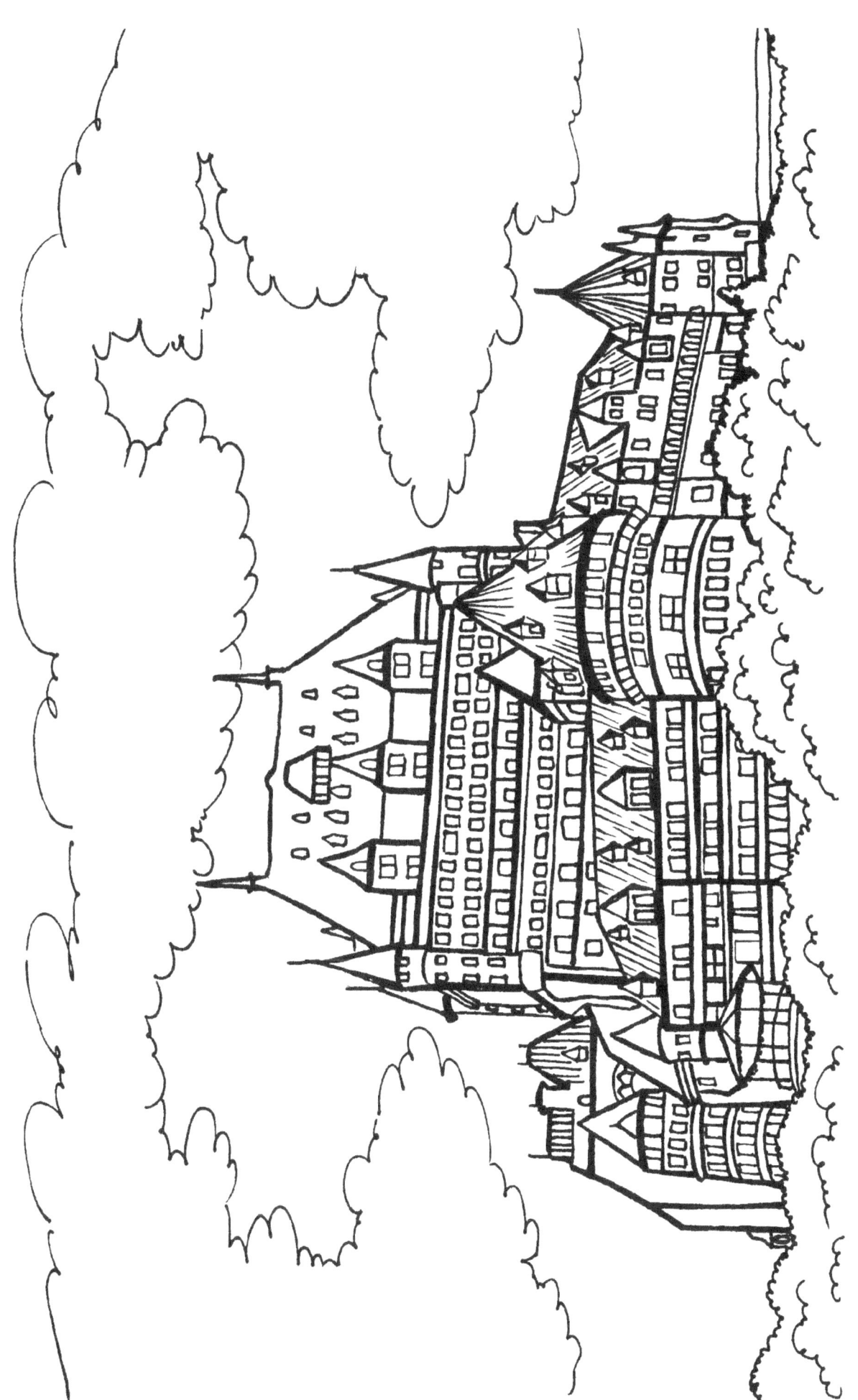

Quelques faits intéressants sur le Château Frontenac

Le Château porte le nom de Louis de Buade, comte de Frontenac et gouverneur de la Nouvelle-France de 1672 à 1682 et de 1689 à 1698. Pourquoi lui plutôt qu'un autre? Parce que William Van Horne, président du Canadien Pacifique, qui a fait construire l'hôtel, adorait l'histoire de ce personnage. «Quand on cherchait un nom à donner à l'hôtel, les patrons souhaitaient un nom francophone et un personnage qui a de la gueule, explique le guide. On ne pouvait avoir plus flamboyant que Frontenac!»

Au 17e siècle, la Nouvelle-France est dans la mire des Anglais. Même si les Français sont nettement moins nombreux que les Anglais des colonies voisines, ils sont redoutés à cause de leurs alliances avec les nations amérindiennes. Pendant la bataille de Québec de 1690, afin de masquer l'infériorité numérique des troupes de Frontenac, ce dernier fait bander les yeux du major Thomas Savage, envoyé par le commandant William Phips, puis le fait amener à travers une foule qui crie et le bouscule. Quand il arrive enfin devant Frontenac, il le somme de rendre la ville de Québec. La réponse du comte, paré de ses habits les plus spectaculaires: «Je ne vous ferai pas tant attendre. Non, je n'ai point de réponse à faire à votre général que par la bouche de mes canons et à coups de fusil; qu'il apprenne que ce n'est pas de la sorte qu'on envoie sommer un homme comme moi; qu'il fasse du mieux qu'il pourra de son côté, comme je ferai du mien.» La tentative des Anglais s'est soldée par un échec. (Le site des Musées de la civilisation propose un résumé de la bataille.)

A few interesting facts about the Chateau Frontenac

The Château is named after Louis de Buade, Earl of Frontenac and Governor of New France from 1672 to 1682 and from 1689 to 1698. Why him instead of another person would you ask? Well because William Van Horne, President of Canadian Pacific, who was responsible for the construction of the Château, loved the story of this character. "When searching for a name, the bosses at Canadian Pacific wanted a French name of a very flamboyant person, so they could not have taken a more flamboyant French name than Frontenac".
During the 17th Century, the English were closely watching New France. Even though there were significantly fewer French than English in the neighboring settlements, the English dreaded the French because of their strong alliance with the Native American nations.

During the battle of Quebec in 1690, and to hide the numerical inferiority of Frontenac's troops, Frontenac blindfolds Major Thomas Savage' eyes who was sent by Commander William Phips, and then makes him go through a screaming crowd that pushes him around. When he finally arrives in front of Frontenac and summons him to give up the city of Quebec, the Count's reply, adorned with his most spectacular clothes: "I will not make you wait too long. No, I have no answer to give to your General except through the mouth of my canons and guns (roughly translated); let him learn that this it is not the way one summons a man like me; let him do the best he can on his side, as I will do mine. " The attempt of the English ended in failure. (For more information you can go the website of the Museums of Civilization proposes a description of this battle).

(Source: http://avenues.ca/info-voyage/10-choses-a-propos-chateau-frontenac)

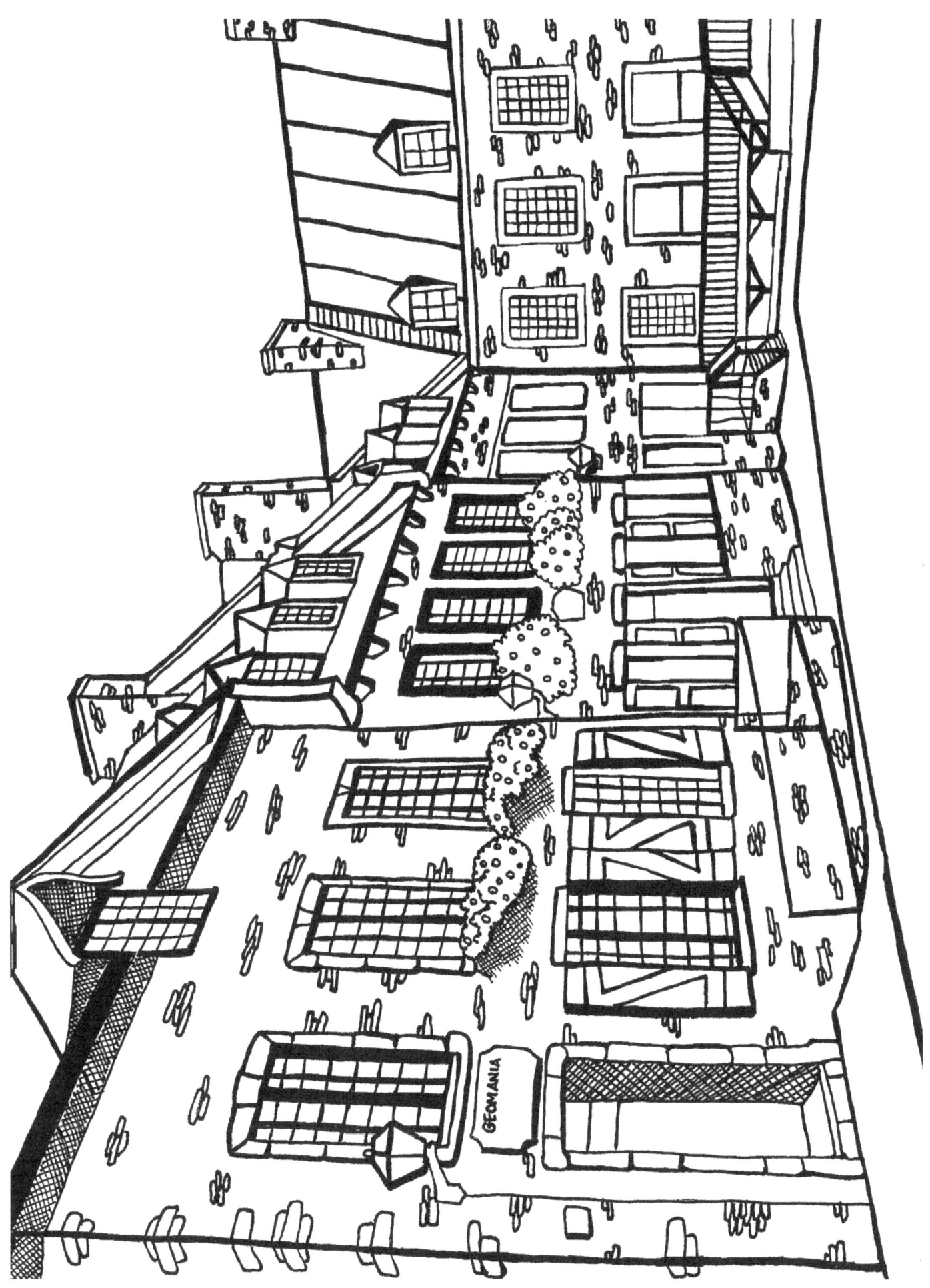

LA PLACE ROYALE

La place Royale est le cœur historique de la ville de Québec.

L'explorateur Samuel de Champlain y construit l'habitation de Québec en 1608, créant ainsi le plus ancien établissement français permanent en Amérique. De nos jours, la place est délimitée par la rue des Pains Bénits, la rue Notre-Dame et la rue de la Place. L'église Notre-Dame-des-Victoires, la plus vieille église en pierre toujours existante en Amérique du Nord, clôt la place Royale au sud. Au centre se trouve le buste de Louis XIV, roi lors de l'essor de la colonie de la Nouvelle-France.

Surnommée « le berceau de la civilisation française en Amérique », la place Royale s'étend à l'emplacement où Samuel de Champlain a lancé la construction d'un poste fortifié en 1608, la première habitation de Québec. Les bâtiments qui sont alors édifiés, comme les magasins du Roy, servent notamment au commerce de la fourrure avec les Amérindiens, qui occupaient épisodiquement les lieux pour pêcher et échanger leurs produits.

LA PLACE ROYALE

La Place Royale is the historic heart of Quebec City.

The explorer Samuel de Champlain built the habitation of Quebec in 1608, creating the oldest permanent French establishment in America. Nowadays, the square is bounded by the Rue des Pains Bénits, Notre-Dame Street and Rue de la Place. Notre-Dame-des-Victoires Church, the oldest surviving stone church in North America, closes Place Royale in the south. In the center is the bust of Louis XIV, king during the rise of the colony of New France.

Nicknamed "the cradle of French civilization in America," Place Royale extends to the site where Samuel de Champlain started the construction of a fortified post in 1608, Quebec's first home. The buildings that were then built, like the stores of the Roy, were used for the fur trade with the Amerindians, who occasionally occupied the area to fish and exchange their products.

(Source: Wikipedia)

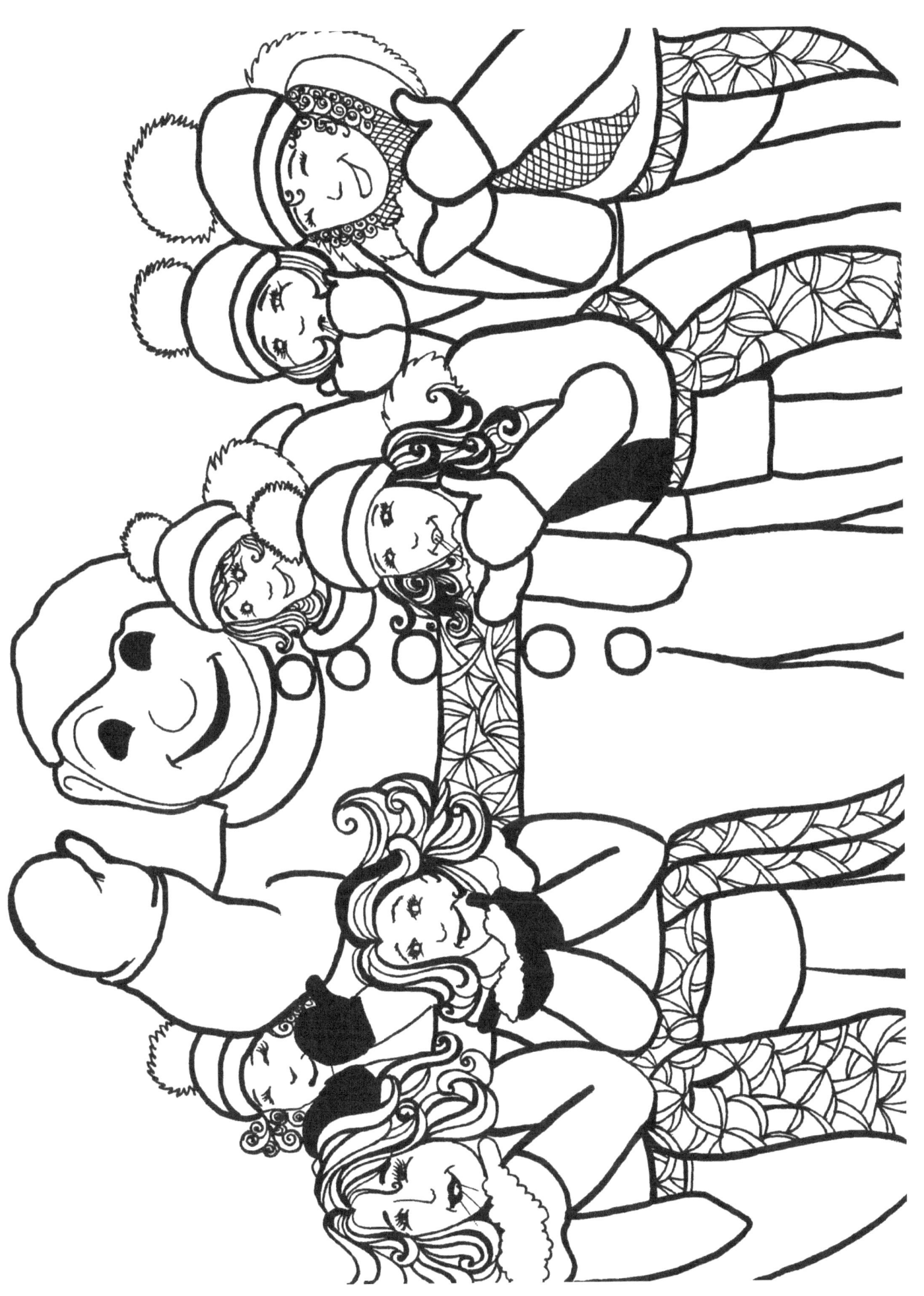

Le Carnaval de Québec

(English version in the next drawing)

Le Carnaval de Québec, plus communément appelé Carnaval en anglais en français, est un festival pré-carême tenu à Québec. Après avoir été tenu par intermittence depuis 1894, le Carnaval de Québec est célébré chaque année depuis 1955. Cette année-là, 'Bonhomme Carnaval', la mascotte du festival, a fait sa première apparition. En 2006, près d'un million de personnes ont assisté au Carnaval de Québec, ce qui en fait à l'époque le plus grand festival d'hiver au monde (dépassé depuis par le Festival de Harbin).

Les attractions les plus célèbres de ce festival d'hiver sont les défilés de nuit et de jour dirigés par la mascotte Bonhomme Carnaval. Les défilés défilent dans la ville haute, décorés pour l'occasion de sculptures de glace et de lumières. De nombreuses soirées publiques et privées, spectacles et bals ont lieu dans toute la ville, certains à l'extérieur dans un froid glacial, témoignant de la légendaire joie de vivre des Québécois.
Les autres événements majeurs incluent:

Un bal masqué avec jusqu'à 400 participants dans la grande salle de bal du Château Frontenac.
Les cérémonies d'ouverture et de clôture se déroulent au Palais de glace devant des milliers de participants, Bonhomme et le maire de Québec.

Événements sportifs en plein air (snowboard, canoë, raquettes, hockey, traîneau à chiens, etc., dont certains font partie de tournois du championnat du monde) à l'intérieur et à l'extérieur de la ville.
Banquets publics extérieurs gratuits (brunch, petit-déjeuner, etc.).

Au cours des dernières années, l'hôtel s'est offert une cure de jouvence de 75 millions de dollars. Les travaux ont été finalisés en 2014. Concours de sculpture sur neige d'artistes canadiens, québécois, internationaux et étudiants sur les plaines d'Abraham, cadre principal du carnaval. Les plaines sont un parc urbain public et restent ouvertes aux activités de loisirs, comme les pistes de raquette et de ski de fond, pendant la période du carnaval. Une partie des plaines autour de la citadelle est transformée en un parc d'attractions hivernal en plein air proposant diverses activités sur le thème de la famille, notamment la présentation des trois principaux concours de sculpture sur neige (provinces du Canada, régions du Québec, international) et le traditionnel bain de neige bikini (bain de neige).

Des soirées dansantes en plein air ont lieu aux palais de glace.

Les kiosques et autres points de vente de la ville vendent l'étiquette de l'effigie Bonhomme qui donne accès à la plupart des événements, même si certains sont gratuits en dehors du site principal.

La plupart des rues principales commerçantes sont décorées et certains bars et restaurants installent un patio en hiver devant leurs établissements.

Bonhomme - abréviation de bonhomme de neige ("bonhomme de neige") est l'ambassadeur officiel des festivités, le seigneur du château du Palais de glace. Bonhomme est décrit comme un bonhomme de neige de sept pieds et de quatre cents livres portant un bonnet rouge, des boutons noirs et une ceinture fléchée.

Il est de tradition de boire du caribou, une boisson alcoolisée chaude, pour le garder au chaud.

La vente aux enchères publique est une activité de financement au profit du carnaval. Cette vente aux enchères propose de nombreux biens et services donnés pour une vente aux enchères silencieuse et en direct.

(Source: Wikipedia)

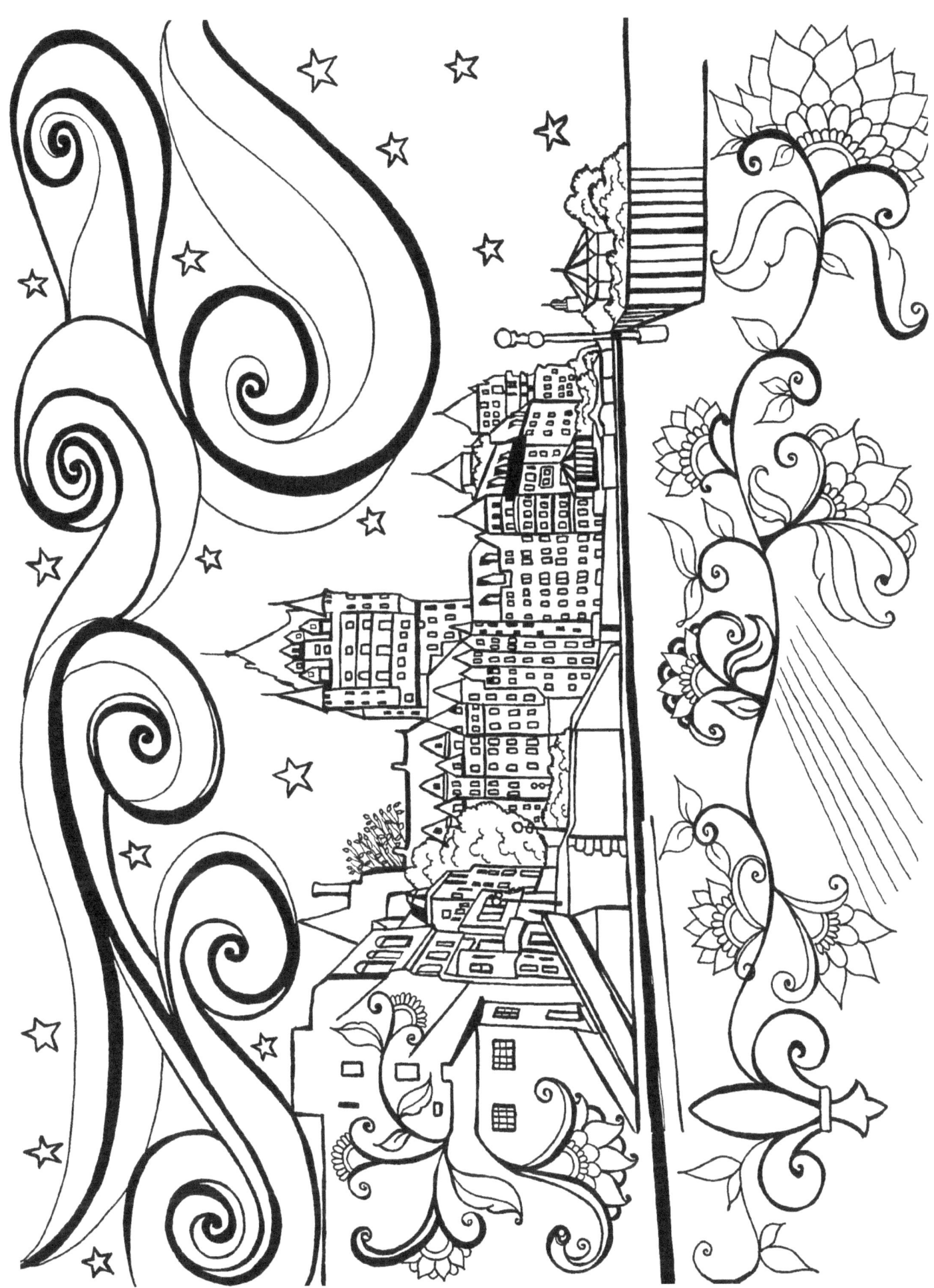

The Quebec Winter Carnival

The Quebec Winter Carnival commonly known in both English and French as Carnaval, is a pre-Lenten festival held in Quebec City. After being held intermittently since 1894, the *Carnaval de Québec* has been celebrated annually since 1955. That year *'Bonhomme Carnaval'*, the mascot of the festival, made his first appearance. Up to one million people attended the *Carnaval de Québec* in 2006 making it, at the time, the largest winter festival in the world (since overtaken by the Harbin Festival).

The most famous attractions of this winter festival are the night-time and daytime parades led by mascot Bonhomme Carnaval. The parades wind through the upper city, decorated for the occasion with lights and ice sculptures.Numerous public and private parties, shows and balls are held across the city, some of them outside in the bitter cold, testimony to the Québécois' fabled joie de vivre.

Other major events include:

A masquerade ball with up to 400 participants at the grand ballroom of the Château Frontenac.

The opening and closing ceremonies taking place at the Ice Palace before thousands of participants, Bonhomme and the mayor of Quebec.

Outdoor sport events (snowboarding, ice canoe, snowshoes, hockey, dog-sledding, etc., some of them part of World Championship tournaments) inside and outside the city.

Free outdoor public banquets (brunch, breakfast, etc.).

The Canadian, Québécois, International and Student artist snow sculpture contests on the Plains of Abraham, the main setting of the carnival. The Plains are a public city park and stay open for leisure activities, including snowshoeing and cross-country skiing trails, during carnival time. Part of the Plains around the Citadel is transformed into an outdoor winter amusement park with various family-themed activities, including the display of the three main snow-sculpting contests (Canada's provinces, Quebec's regions, International) and the traditional *bikini snow bath* event (bain de neige)

Outdoor dance parties are held at the Ice Palaces.

Kiosks and other outlets in the city sell the Bonhomme effigy tag that grants admission into most of the events, although some are free outside the main site.

Most commercial main streets are decorated, and some bars and restaurants set up a winter patio in front of their establishments.

Bonhomme – short for *bonhomme de neige* ("snowman") is the official ambassador of the festivities, the castle lord of the Ice Palace. Bonhomme is described as a seven-foot-tall, four-hundred pound snowman sporting a red cap, black buttons and a ceinture fléchée.

It is traditional to drink *Caribou*, a hot alcoholic beverage, to keep warm.

The public auction is a fundraising event in aid of the carnival. This auction features many goods and services donated for silent auction and live auction.

(Source: Wikipedia)

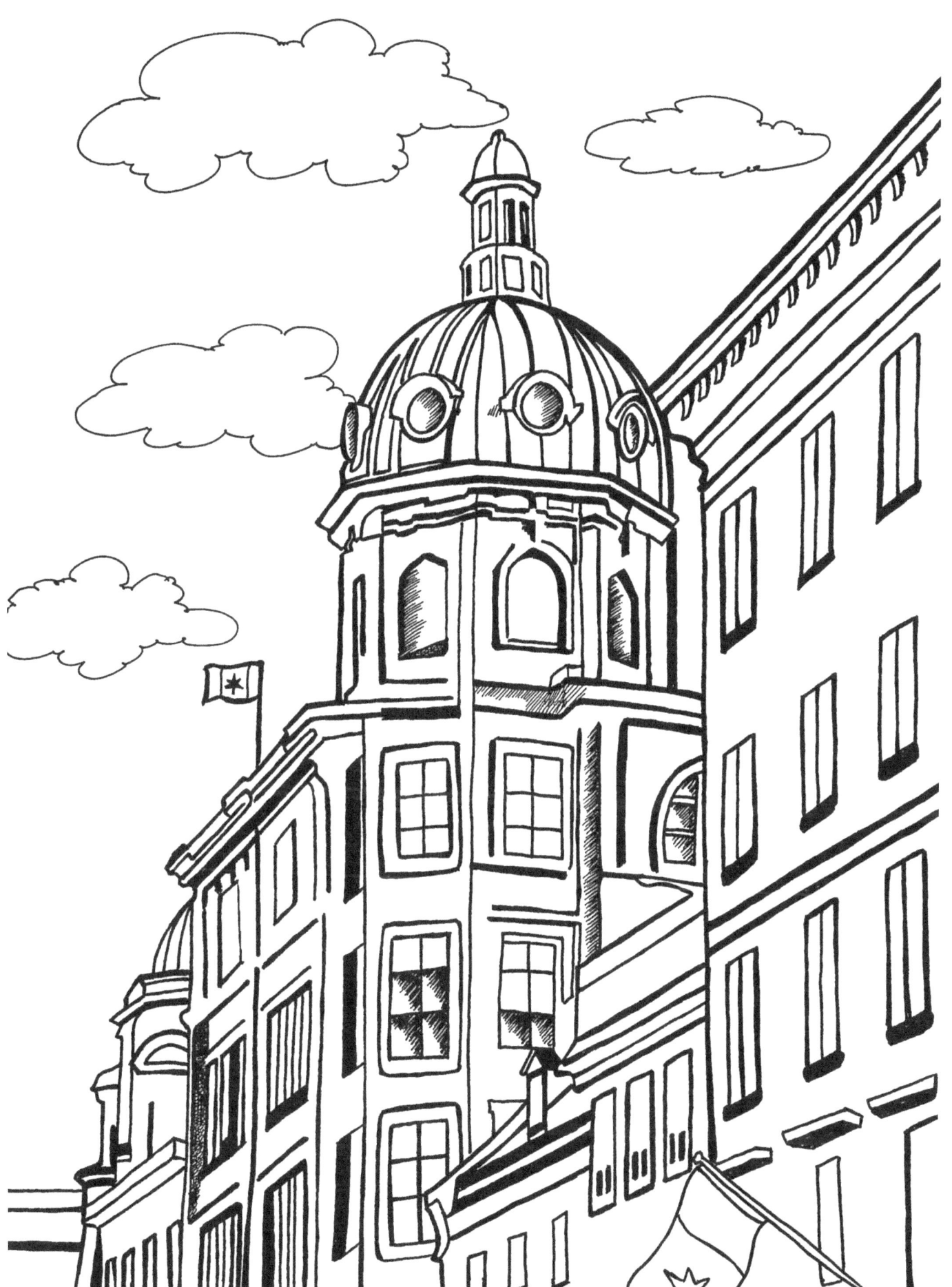

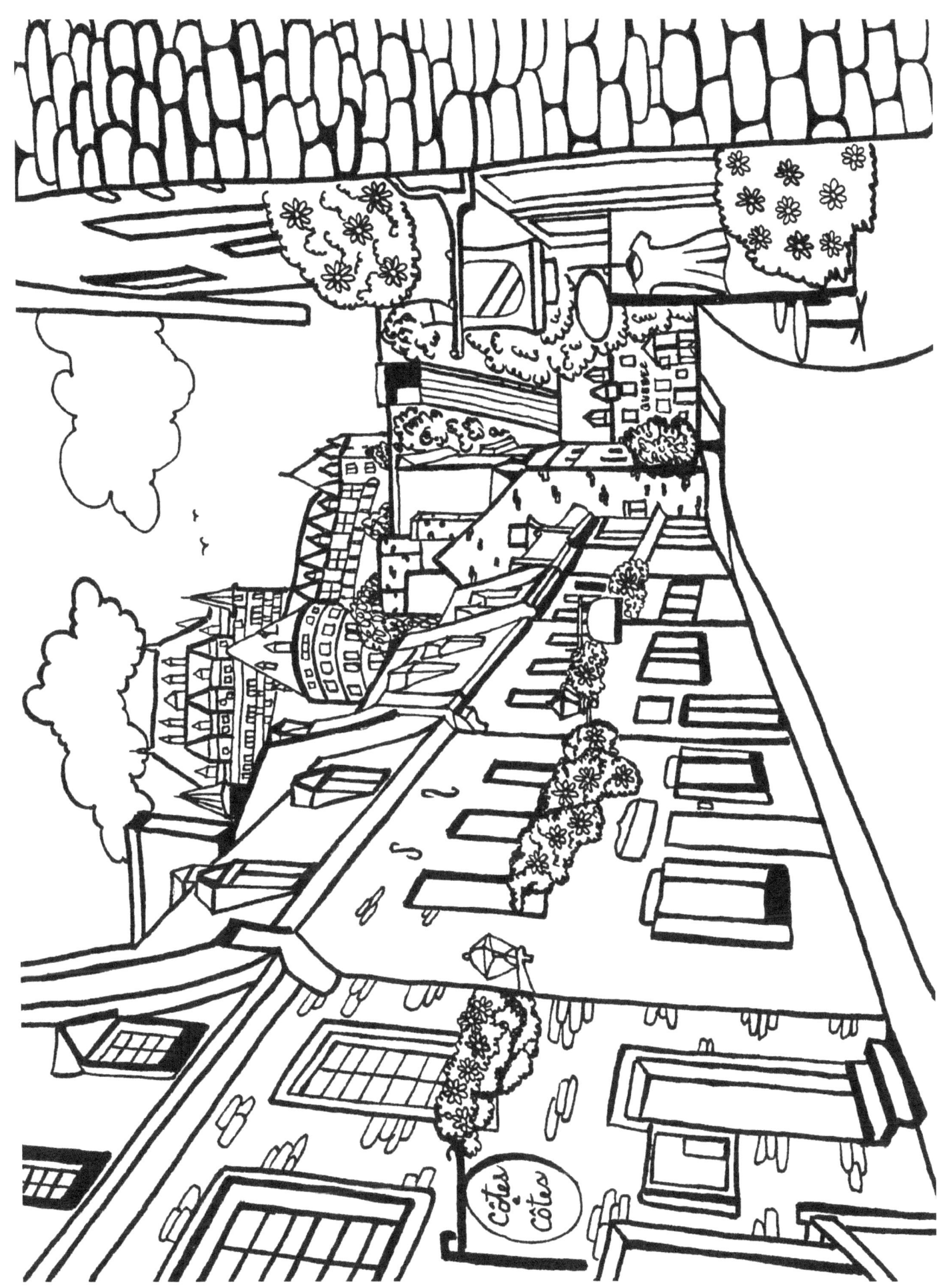

Un peu plus sur le Château Frontenac

Outre les leaders mondiaux, l'hôtel propose également des suites sur le thème d'Alfred Hitchcock, un réalisateur qui a filmé une grande partie à l'hôtel, et de William Cornelius Van Horne, second président de la Compagnie de chemin de fer Canadien Pacifique, et de Céline Dion. La suite patrimoniale de Céline Dion utilise un style Art déco dans toute la suite, décorée d'images du photographe de la famille de Dion.

Un certain nombre de chambres du Château Frontenac sont également occupées par des restaurants et d'autres services liés à l'alimentation. À compter de 2018, trois restaurants sont en activité dans l'hôtel: le 1608, Bar Vins et Fromage, le Bistro Le Sam et le Champlain.

Dans le cadre du programme "Durabilité des abeilles", le Château Frontenac accueille quatre abeilles mellifères reines dans des ruches situées sur le jardin sur le toit de l'hôtel. Le miel est récolté trois fois par an et est utilisé par les restaurants de l'hôtel. L'hôtel compte près de 70 000 abeilles mellifères produisant 295 kilogrammes de miel par an. Le rucher sur le toit de l'hôtel exploite également un hôtel pollinisateur.

A little more on the Château Frontenac

Aside from world leaders, the hotel also offers suites themed to Alfred Hitchcock, a director who filmed much of I Confess at the hotel, and William Cornelius Van Horne, the second President of Canadian Pacific Railway, and Celine Dion. The Celine Dion Heritage Suite utilizes an Art Deco style throughout the suite, decorated with images from Dion's family photographer.

A few rooms at the Château Frontenac is also occupied by restaurants, and other food-based services. As of 2018, three restaurants operate within the hotel, 1608 Wine and Cheese Bar, Bistro Le Sam, and Champlain. As a part of Fairmont Hotels and Resorts larger "Bee Sustainable" program, the Château Frontenac hosts four queen honey bees in hives on the hotel's rooftop garden. The honey is harvested three times a year and is used by the hotel's restaurants. The hotel has nearly 70,000 honey bees producing 295 kilograms (650 lb) of honey per year. The hotel's rooftop apiary also operates a pollinator hotel.

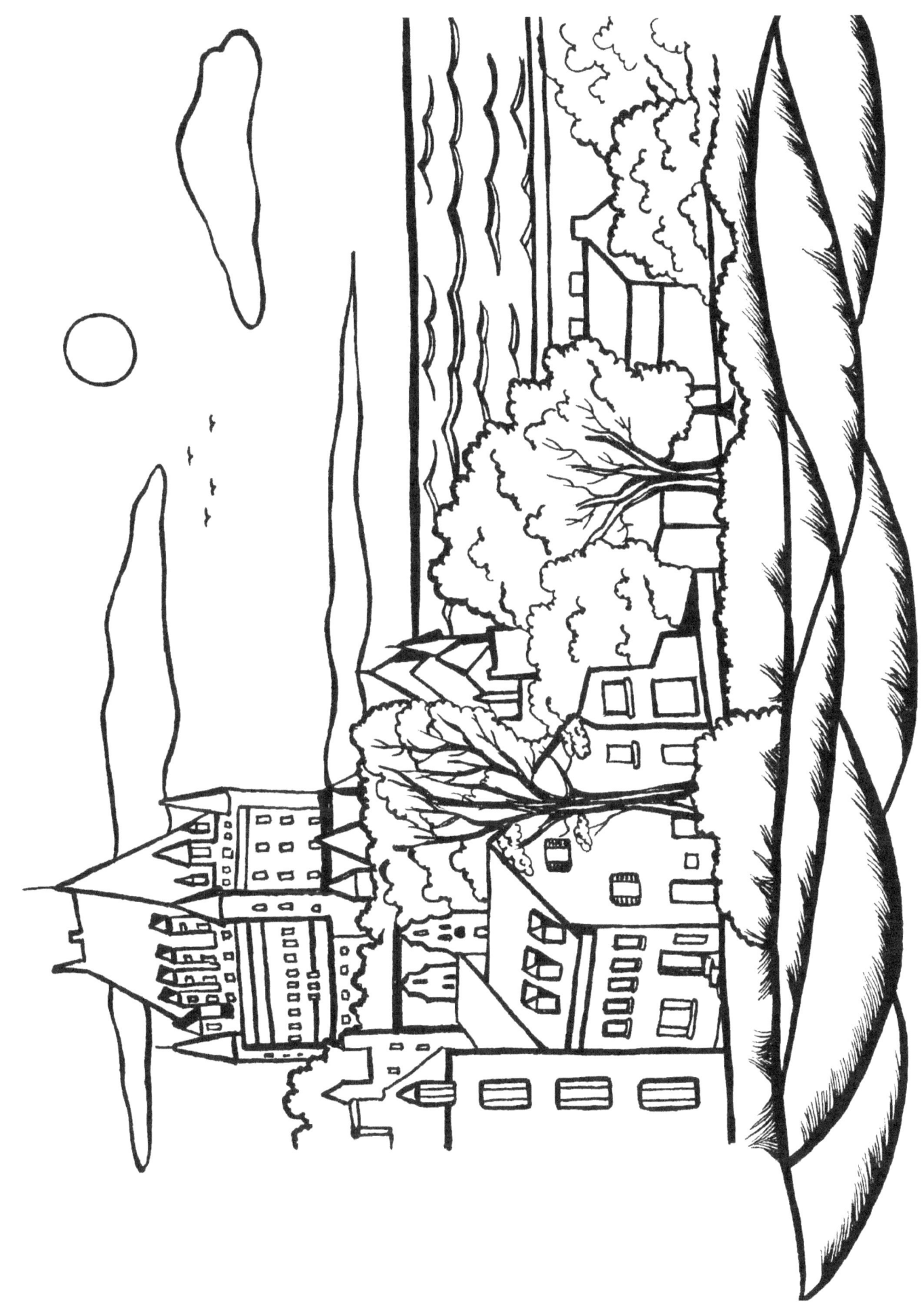

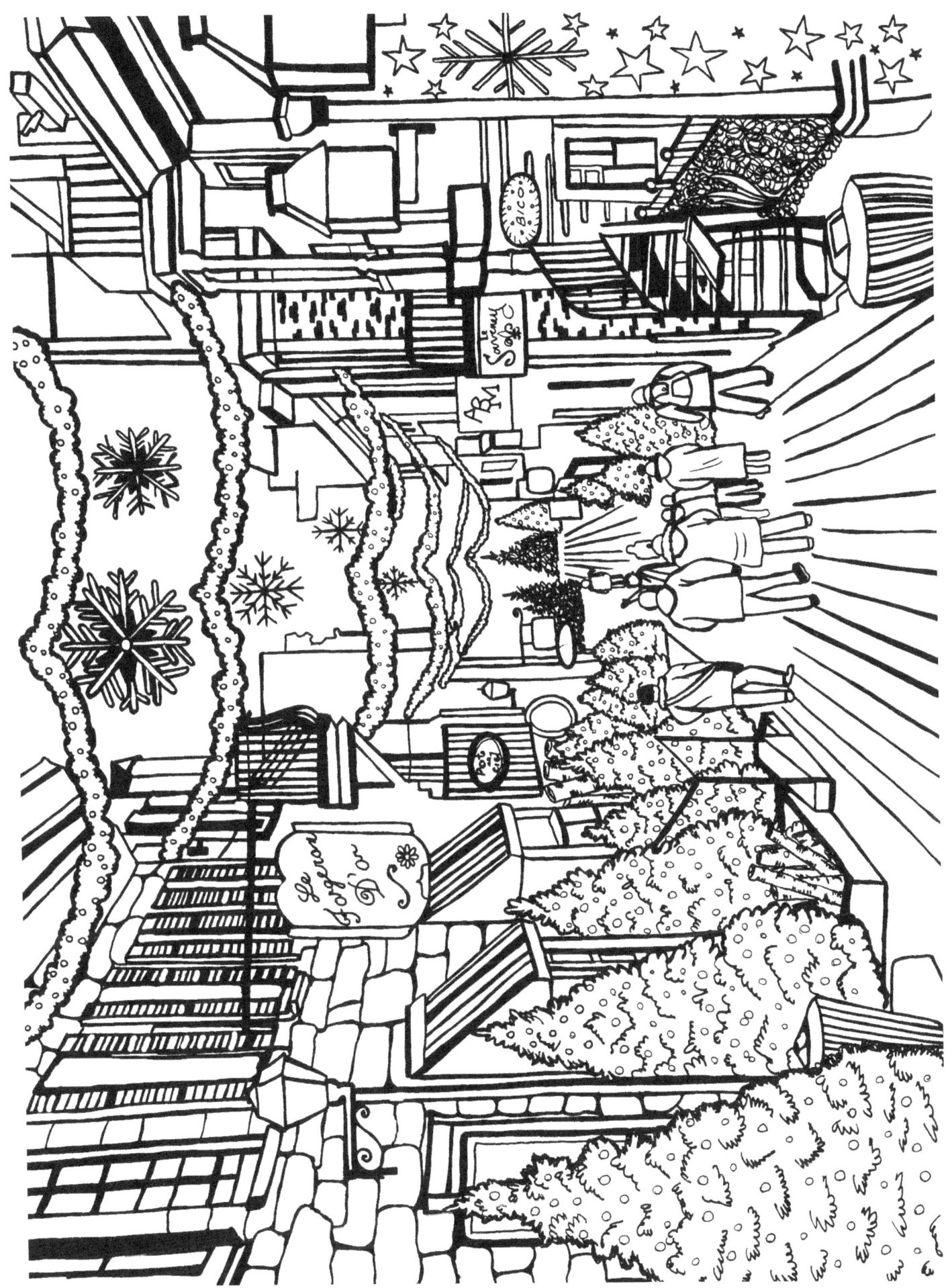

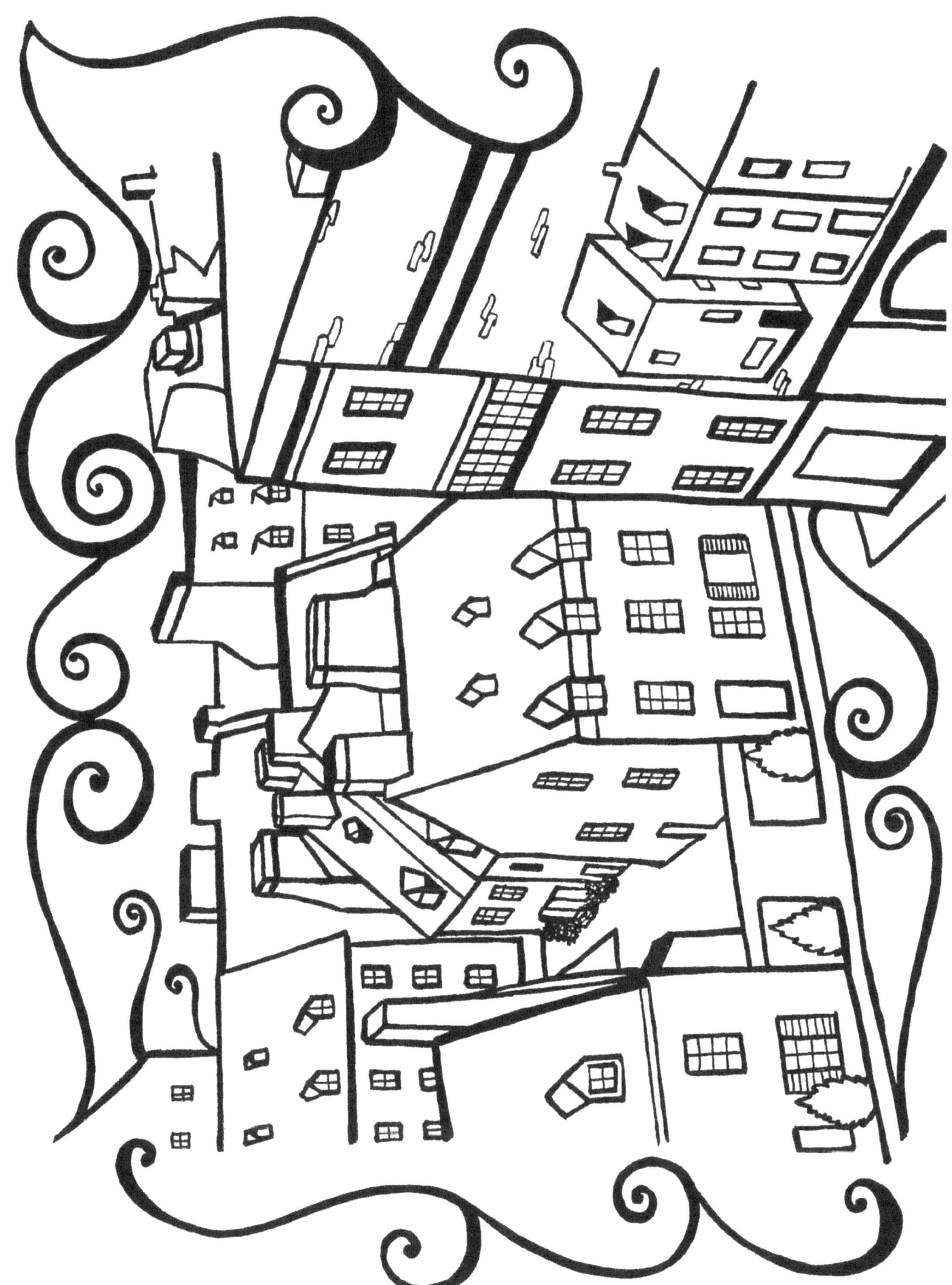

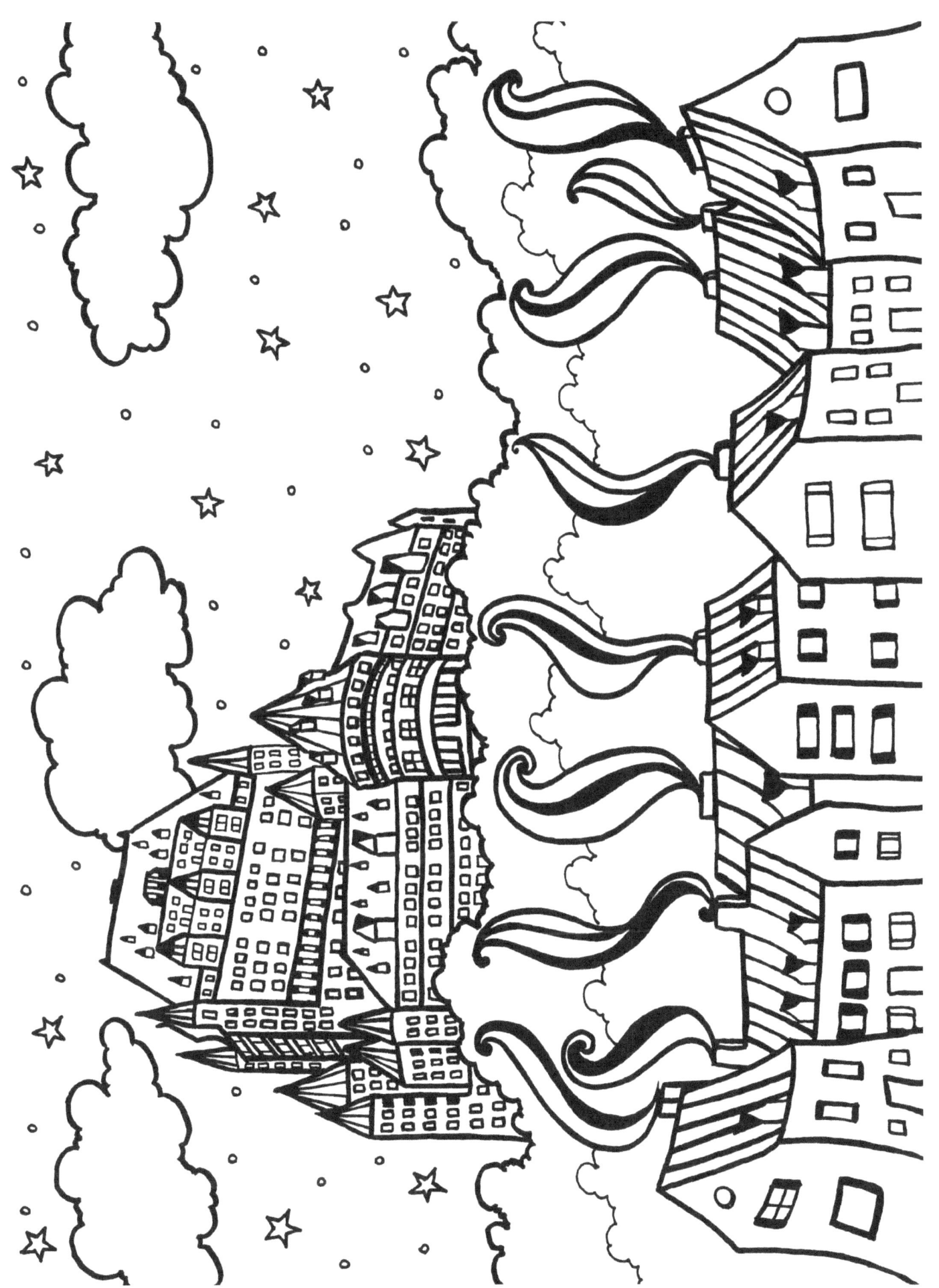

CHATEAU FRONTENAC

Le Fairmont Le Château Frontenac, anciennement appelé Château Frontenac, est un hôtel historique situé à Québec, Québec, Canada. L'hôtel est situé dans le Vieux-Québec, dans la Haute-Ville, dans le quartier historique. Le Château Frontenac a été conçu par Bruce Price et construit par la compagnie de chemin de fer Canadien Pacifique. L'hôtel est actuellement géré par Fairmont Hotels and Resorts.
Ouvert en 1893, le bâtiment de style chanteausien a une hauteur de 79,9 mètres (262 pieds) sur 18 étages. La hauteur du bâtiment est accrue car il est situé à une altitude de 54 m (177 pi). C'est l'un des premiers grands hôtels ferroviaires terminés. L'hôtel a été agrandi à trois reprises, la dernière grande expansion ayant eu lieu en 1993. Le bâtiment a été désigné lieu historique national du Canada en 1981.

Le Château Frontenac a été achevé en 1893 et a été conçu par l'architecte américain Bruce Price. Cet hôtel fait partie d'une série d'hôtels de style château-salé construits pour la compagnie de chemin de fer Canadien Pacifique à la fin du 19e et au début du 20e siècle. En 1924, l'hôtel fut agrandi par William Sutherland Maxwell. L'expansion de 1924 a vu l'ajout de la tour centrale de l'hôtel. Cet hôtel a été nommé en l'honneur du comte de Frontenac, Louis de Buade, gouverneur général de la Nouvelle-France de 1672 à 1682 et de 1689 à 1698.

CHATEAU FRONTENAC

The Fairmont Le Château Frontenac, formerly and commonly referred to as the Château Frontenac, is a historic hotel. It is situated in Old Quebec, within the historic district's Upper Town. The Chateau Frontenac was designed by Bruce Price, and was built by the Canadian Pacific Railway company. The hotel is presently managed by Fairmont Hotels and Resorts.

Opened in 1893, the Châteauesque-styled building is 79.9-metre-tall (262 ft), containing 18 floors. The building's height is furthered, as it is situated at an elevation of 54 m (177 ft). It is one of the first completed grand railway hotels. The hotel was expanded on three occasions, with the last major expansion taking place in 1993. The building was designated a National Historic Site of Canada in 1981

The Château Frontenac was completed in 1893 and was designed by American architect Bruce Price. The hotel was a part of a series of Chateauesque-styled hotels built for the Canadian Pacific Railway company during the late 19th and early 20th centuries. The hotel was expanded in 1924 to designs by William Sutherland Maxwell. The 1924 expansion saw the addition of the hotel's central tower. The hotel was named after Louis de Buade, Count of Frontenac, who was the Governor General of New France from 1672 to 1682, and again from 1689 to 1698.

(Source: Wikipedia)

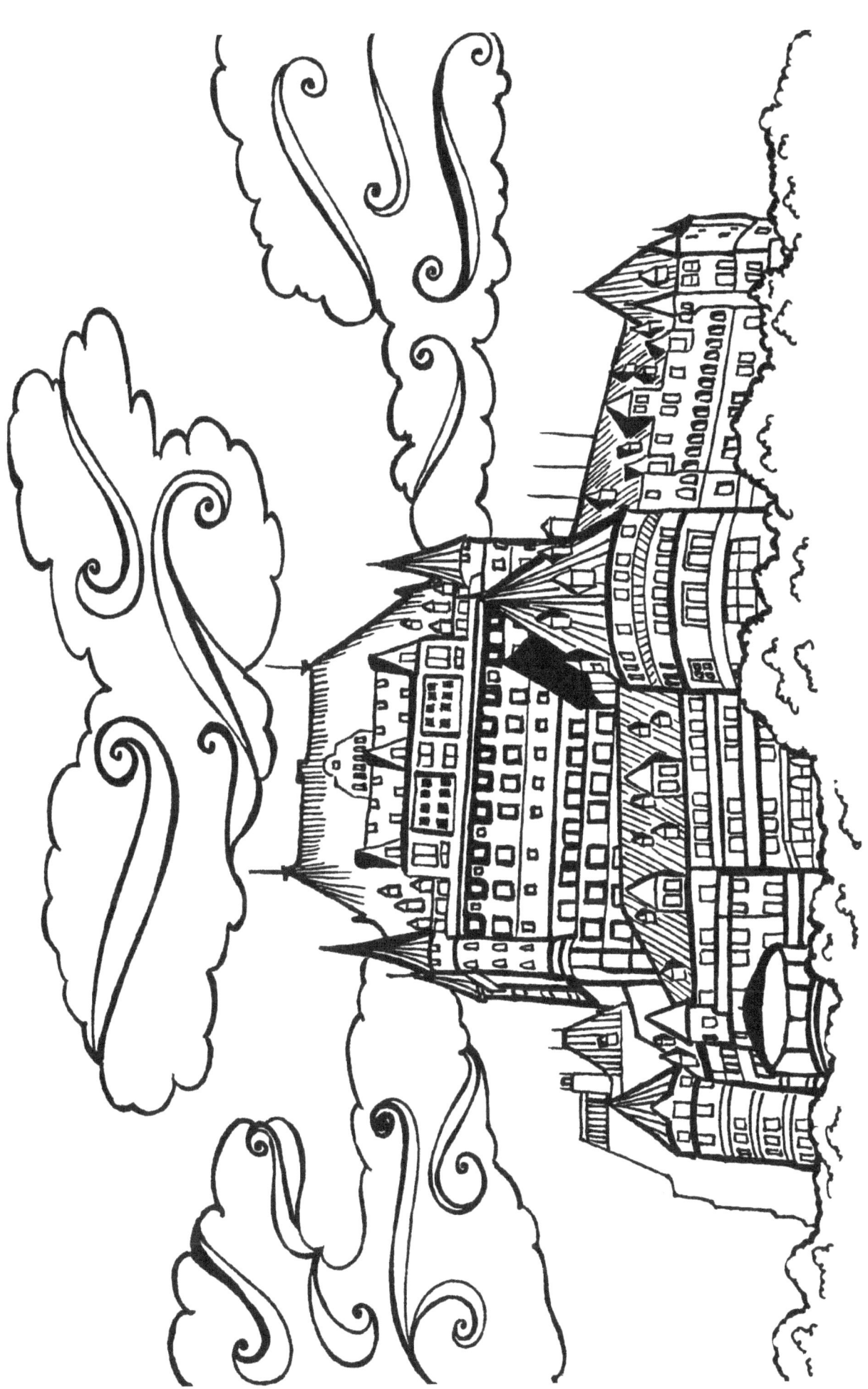

AUTRE FAITS INTÉRESSANTS SUR LE CHÂTEAU FRONTENAC:

L'un des passages les plus marquants est sans doute celui d'Alfred Hitchcock, qui a entièrement tourné le film LA LOI DU SILENCE (I CONFESS) dans la ville de Québec, dont de nombreuses scènes au Château Frontenac. Le film sorti en 1953 met en vedette Montgomery Clift et Anne Baxter. D'autres célébrités ont résidé au Château Frontenac au fil des ans, notamment Grace Kelly, Charlie Chaplin, Paul McCartney, la reine Élizabeth II, Céline Dion et Leonardo DiCaprio.

Au cours des dernières années, l'hôtel s'est offert une cure de jouvence de 75 millions de dollars. Les travaux ont été finalisés en 2014.

Le Château Frontenac comprend 611 chambres et suites réparties dans tout le bâtiment. [11] Huit suites exécutives ont été rénovées pour devenir des "chambres à thème" spécialisées. La plupart des suites ont pour thème les chefs d'État et de gouvernement qui ont visité l'hôtel, telles que la suite Trudeau-Trudeau, nommée en l'honneur de deux premiers ministres canadiens, Pierre Elliott Trudeau et Justin Trudeau. [12] La suite Churchill et la suite Roosevelt sont deux suites désignées respectivement comme participants de la première et de la deuxième conférence de Québec, le Premier ministre britannique Winston Churchill et le président américain Franklin D. Roosevelt. [12] Parmi les autres suites sur le thème des dirigeants du monde figurent Charles de Gualle, président de la France, et Elizabeth II, reine du Canada 12.

One of the most striking passages is probably that of Alfred Hitchcock, who shot the film 'The Law of Silence' in Quebec City, including many scenes at Château Frontenac. The 1953 film stars Montgomery Clift and Anne Baxter. Other celebrities have resided at Chateau Frontenac over the years, including Grace Kelly, Charlie Chaplin, Paul McCartney, Queen Elizabeth II, Celine Dion and Leonardo DiCaprio.

In recent years, the hotel has been given a $ 75 million makeover. The work was finalized in 2014.

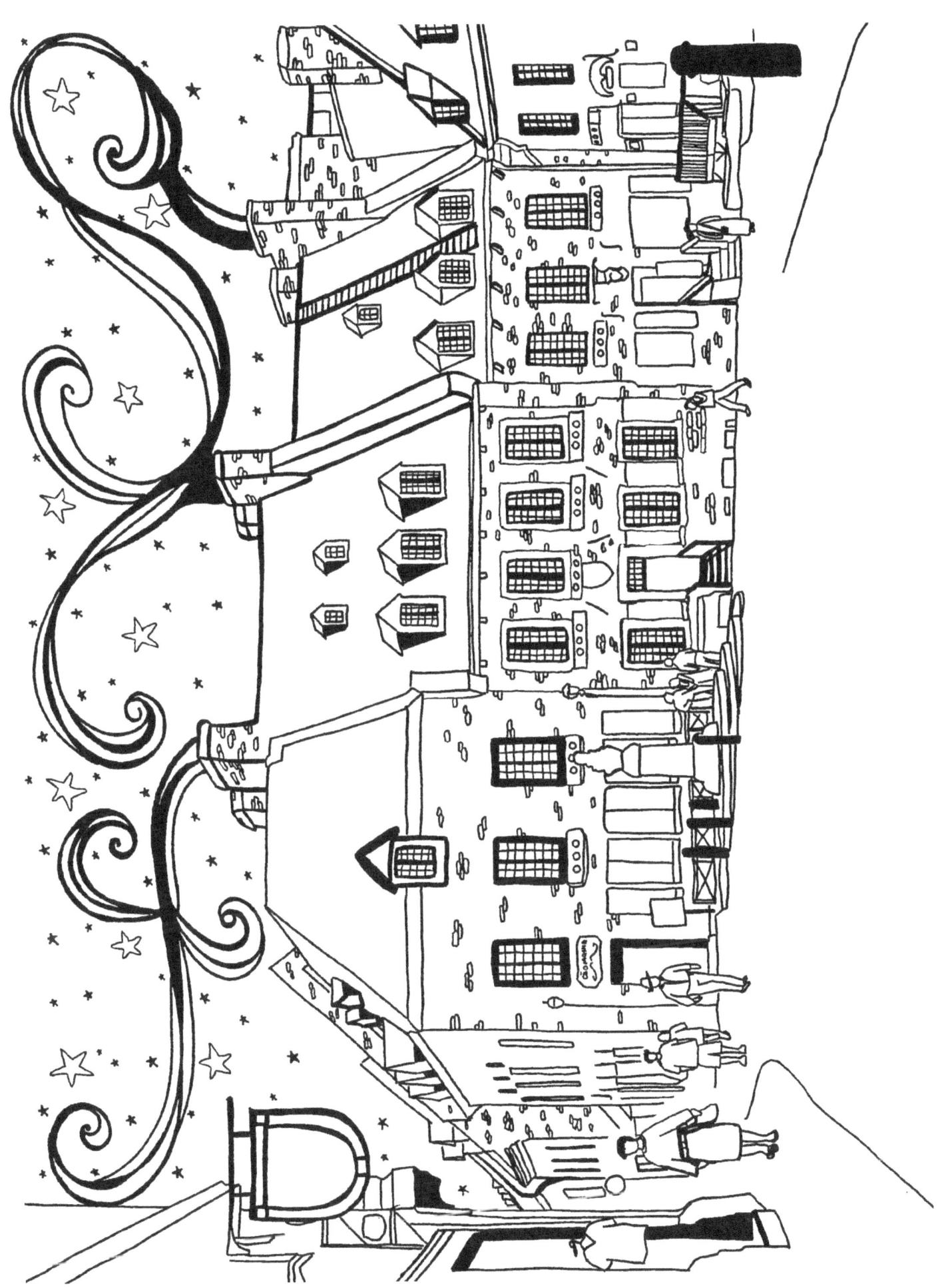

La Place Royale (un peu plus d'histoire)

Le poste de Québec se développe rapidement au cours du 17e siècle et forme alors ce qu'on appelle aujourd'hui la basse-ville de Québec. Après l'incendie de 1682, les bâtiments sont reconstruits avec des murs coupe-feu en pierre qui donnent son cachet à l'espace, lequel porte encore le nom de place du Marché. Un buste du Roi-Soleil, Louis XIV, y est érigé en 1686 par l'intendant Champigny. La place prend alors son nom de place Royale.

La place est alors un centre de commerce d'importance en Nouvelle-France. C'est de ses bâtiments que partent les produits à destination de l'Europe, et c'est dans ses rues que sont débarqués les produits importés du vieux continent. En 1759, l'armée anglaise du général James Wolfe détruit une grande partie de la ville, laissant la place Royale en ruine. Les Anglais, désormais maîtres des lieux, remettent en état la place et développent son activité : commerçants, armateurs, marchands et architectes s'installent dans les plus beaux bâtiments.

Au 19e siècle, avec la révolution industrielle qui privilégie le métal au bois et l'essor du port de Montréal, la place Royale perd son rôle de plaque tournante du commerce. Le quartier sombre progressivement dans l'isolement et la ruine jusqu'en 1967, date à laquelle le gouvernement du Québec décide de réhabiliter le quartier. Le nom de Place-Royale est alors donné au secteur qui entoure la place Royale.

Les opérations de restauration, de reconstruction et de déconstruction (démolition de structures ajoutées du 19e et 20e siècle en vue de privilégier les strates architecturales du XVIIe et du XVIIIe), amène la chercheuse Isabelle Faure à affirmer : « Un dessein idéologique et politique a soutenu le projet de Place-Royale. Ce dernier visait la création dans le Vieux-Québec d'un patrimoine canadien-français auquel les Québécois pussent s'identifier. »

The Place Royale (a little more history)

The Quebec City Post developed rapidly during the 17th century and then formed what is now called Lower Town Quebec. After the fire of 1682, the buildings are rebuilt with stone fire walls that give its character to the space, which still bears the name of Market Square. A bust of the Sun King, Louis XIV, was erected in 1686 by intendant Champigny. The place then takes its name from Place Royale.

The place is then a center of commerce of importance in New France. It is from its buildings that products leave for Europe, and it is in its streets that are landed products imported from the old continent. In 1759, the British army of General James Wolfe destroyed much of the city, leaving the Place Royale in ruins. The English, now masters of the place, rehabilitate the place and develop its activity: traders, shipowners, merchants and architects settle in the most beautiful buildings.

In the 19th century, with the industrial revolution favoring metal-to-wood and the rise of the Port of Montreal, Place Royale lost its role as a trading hub. The neighborhood gradually darkened in isolation and ruin until 1967, when the Quebec government decided to rehabilitate the neighborhood. The name Place-Royale is then given to the area around Place Royale. The restoration, reconstruction and deconstruction operations (demolition of added 19th and 20th century structures with a view to favoring 17th and 18th century architectural strata) led researcher Isabelle Faure to affirm: "An ideological and political design has supported the Place-Royale project. The latter aimed at the creation in Old Quebec of a French-Canadian heritage to which Quebeckers could identify.

(Source: Wikipedia)

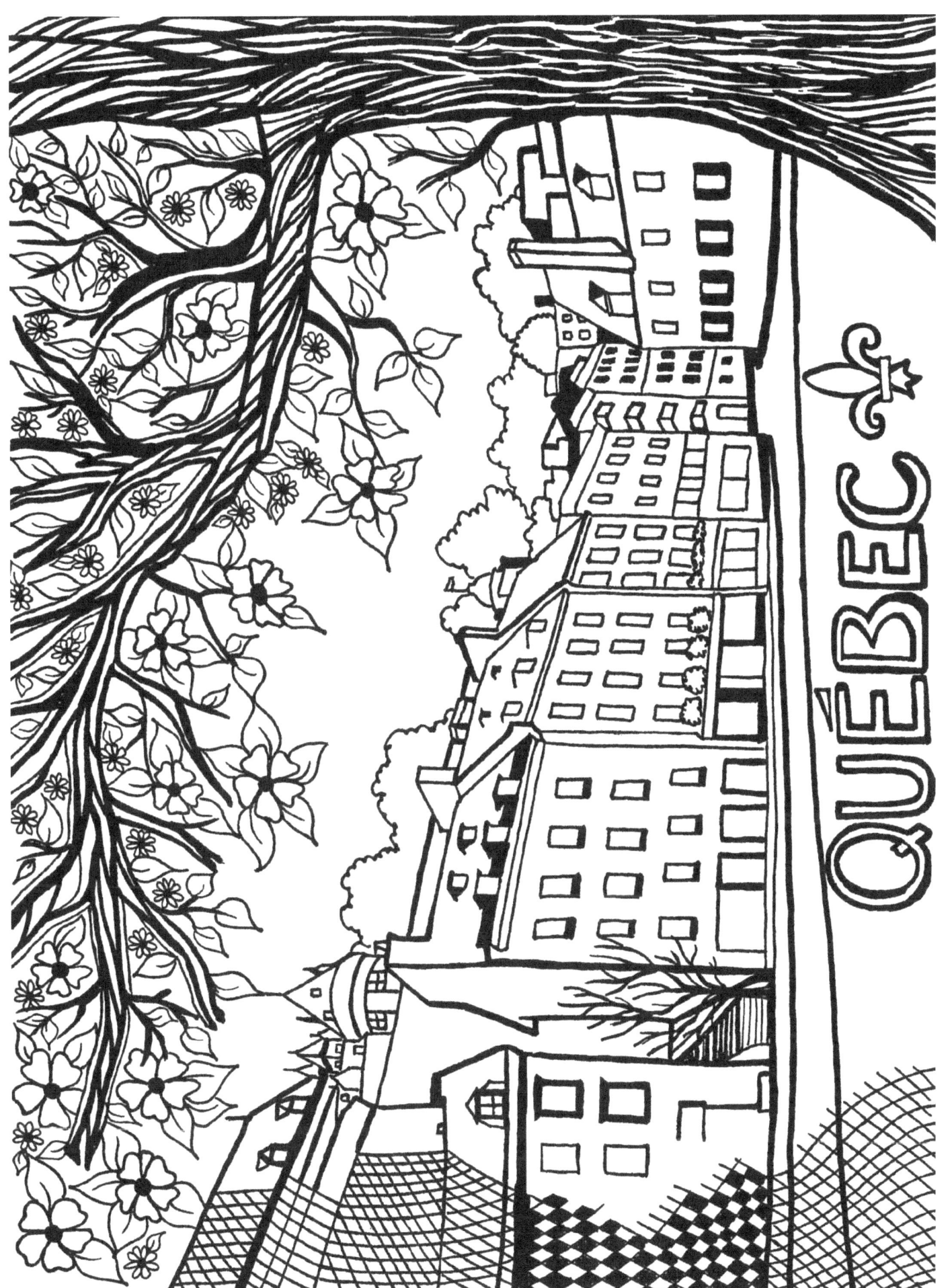

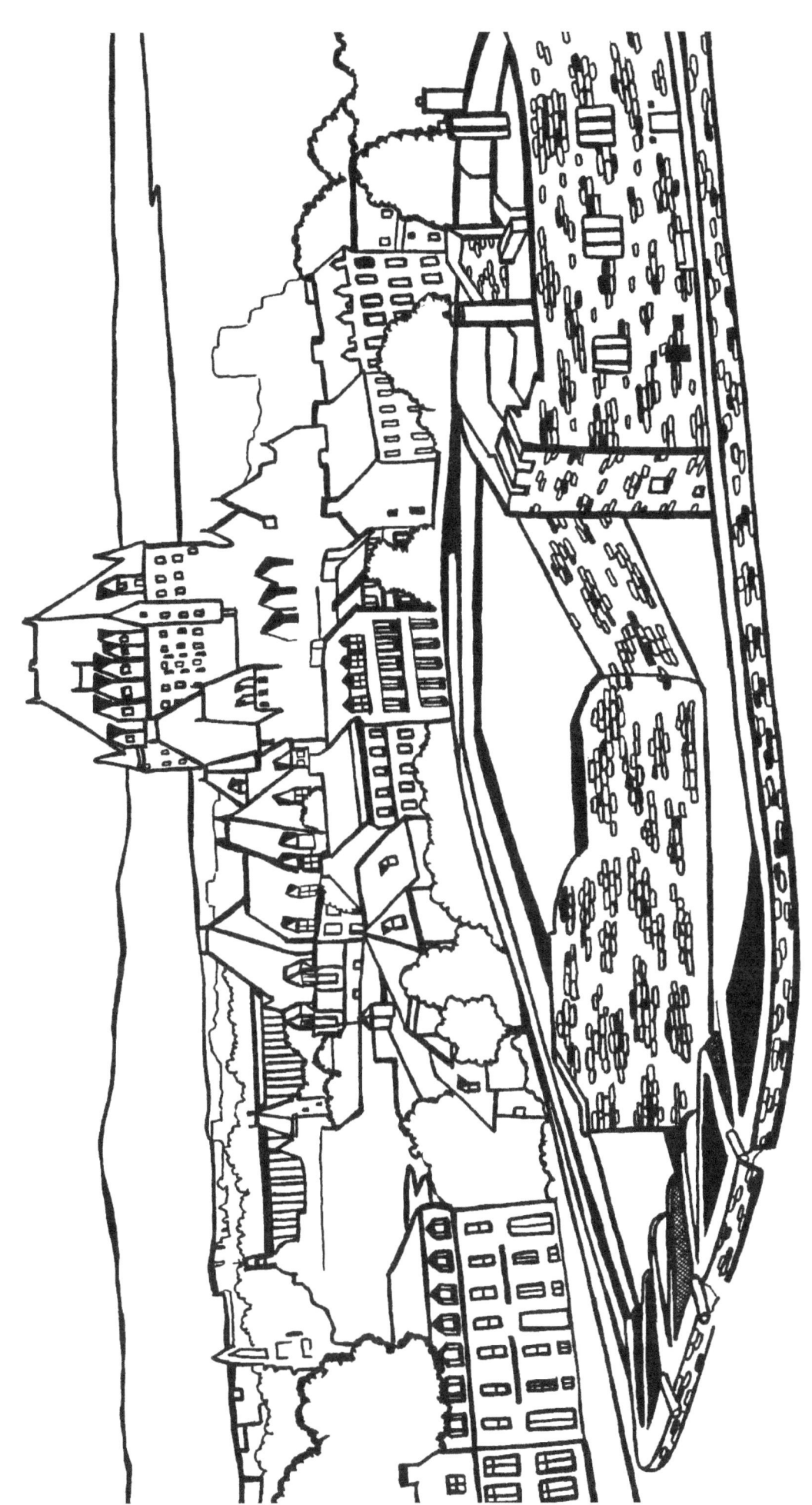

Les plaines d'Abraham

C'est une zone historique au sein du parc des champs de bataille à Québec, Québec, Canada. Le terrain est le site de la bataille des plaines d'Abraham, qui a eu lieu le 13 septembre 1759, mais des centaines d'acres de champs ont été utilisés pour le pâturage, le logement et des structures industrielles mineures. C'est seulement en 1908 que les terres ont été cédées à la ville de Québec, bien qu'elles soient administrées par la Commission des champs de bataille nationaux, créée spécifiquement et gérée par le gouvernement fédéral. Le parc est aujourd'hui utilisé par 4 millions de visiteurs et de touristes chaque année pour des activités sportives, de détente, des concerts en plein air et des festivals.

Un peu d'histoire

Le 13 septembre 1759, la région était le théâtre de la bataille des plaines d'Abraham, qui faisait partie de la guerre de France et de l'Inde, elle-même rattachée à la guerre de Sept Ans. À cette date, des soldats britanniques placés sous le commandement du général Wolfe ont escaladé la falaise escarpée sous la ville dans l'obscurité, surprenant et battant les Français par une seule rafale mortelle de tirs de mousquet, ce qui a mis fin à la bataille en moins de 30 minutes.
Wolfe et le commandant français, le marquis de Montcalm, décédèrent de leurs blessures, mais la bataille laissa le contrôle de la ville de Québec aux Britanniques, qui finirent par leur permettre de prendre le contrôle du Canada l'année suivante.
En 1905, une proposition pour la création d'une association de monuments historiques a été soumise à la Société royale du Canada et le gouverneur général, Earl Grey, a entamé son plan visant à préserver les champs de bataille, après s'être rendu sur les lieux et avoir déclaré qu'il "ne se reposerait jamais terre sacrée est devenue l'héritage de tout le Canada et de l'Empire. "

The Plains of Abraham is a historic area within The Battlefields Park in Quebec City, Quebec, Canada. The land is the site of the Battle of the Plains of Abraham, which took place on 13 September 1759, but hundreds of acres of the fields became used for grazing, housing, and minor industrial structures. Only in 1908 was the land ceded to Quebec City, though administered by the specifically created and federally-run National Battlefields Commission. The park is today used by 4 million visitors and tourists annually for sports, relaxation, outdoor concerts, and festivals.

A bit of History

On September 13, 1759, the area was the scene of the Battle of the Plains of Abraham, part of the French and Indian War, which was itself part of the Seven Years' War. On that date, British soldiers under the command of General Wolfe, climbed the steep cliff under the city in darkness, surprising and defeating the French, through a single deadly volley of musket fire, causing the battle to be over within 30 minutes. Both Wolfe and the French commander, the Marquis de Montcalm, died of their wounds, but the battle left control of Quebec City to the British, eventually allowing them to take control of Canada the following year.
In 1905, a proposal for the establishment of an Historic Landmarks Association was placed before the Royal Society of Canada and Governor General the Earl Grey initiated his plan to preserve the battlefields, having visited the site and stating that he "would never rest until such sacred ground became the heirloom of all Canada and the Empire."

(Source: Wikipedia)

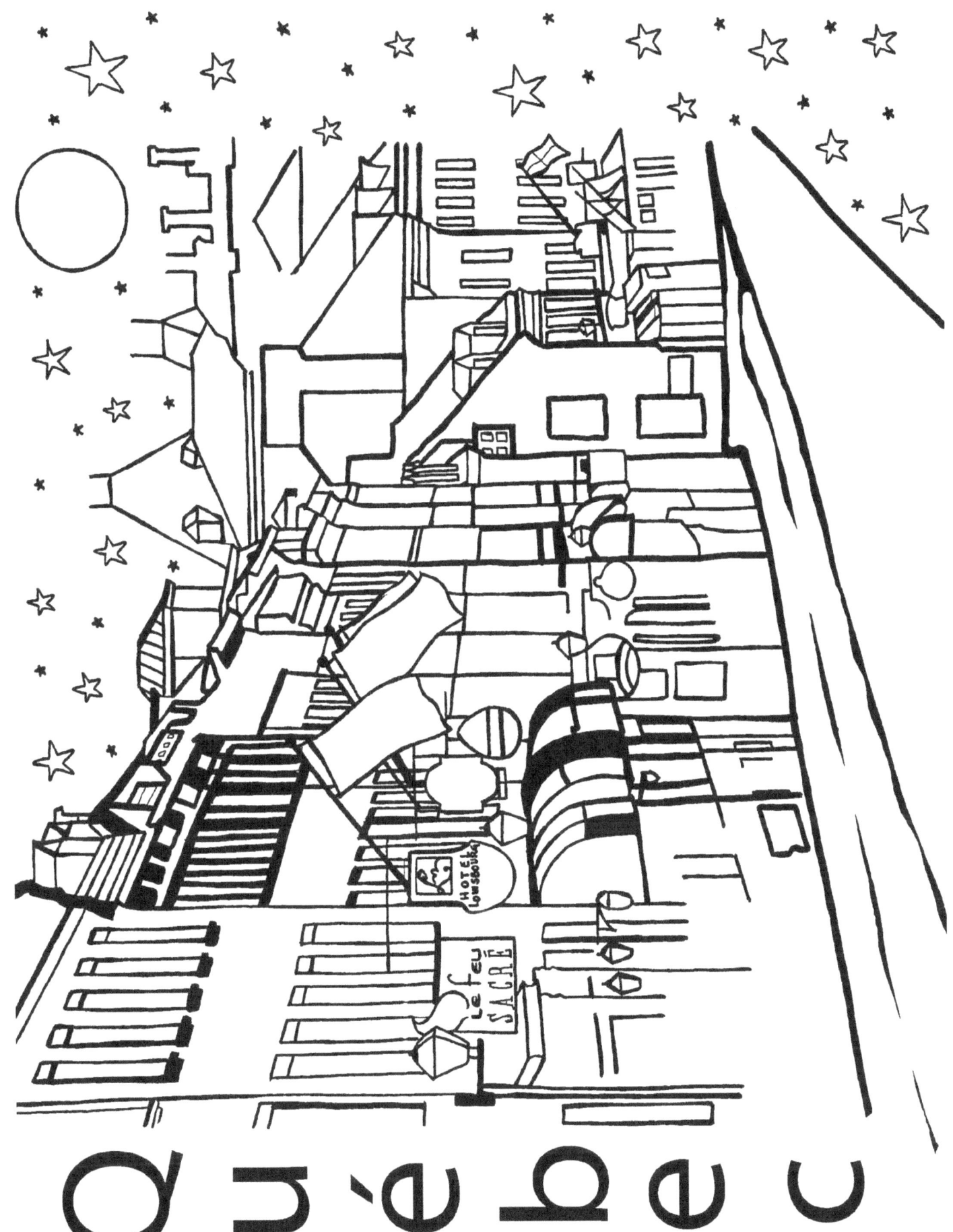

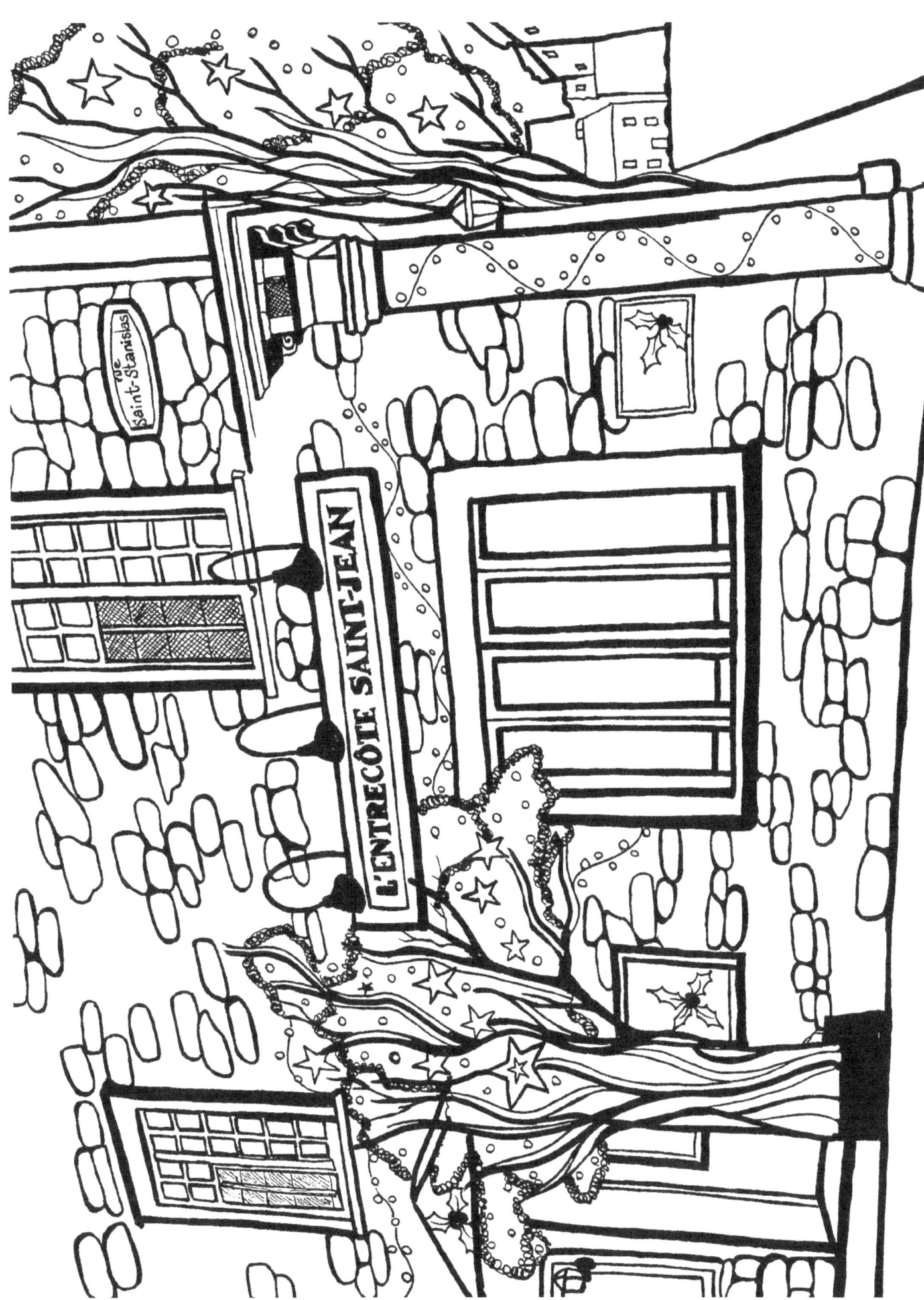

L'Entrecôte Saint-Jean

L'Entrecôte Saint-Jean a pignon sur rue en plein cœur du Vieux-Québec, un joyau du patrimoine mondial de l'UNESCO, à quelques pas de la porte Saint-Jean. Le restaurant a ouvert ses portes en 1983, et la formule, d'origine française et inspirée du concept déjà existant à Paris et Genève, est demeurée la même depuis toutes ces années : l'entrecôte, ses frites et sa sauce secrète ! Avec ses murs de pierres, et sa terrasse en période estivale, notre bistro français vous promet une expérience chaleureuse… et savoureuse !

L'Entrecôte Saint-Jean vous propose le meilleur steak-frites à l'intérieur de la ville fortifiée. Fine entrecôte grillée et sa sauce moutarde au secret jalousement gardé, frites allumettes maison, salade de noix, profiteroles au chocolat… Un véritable délice dans une ambiance chaleureuse.

L'Entrecôte Saint-Jean

L'Entrecôte Saint-Jean is located in the heart of Old Quebec, a UNESCO world heritage jewel, just steps from Saint John's Gate. The restaurant opened in 1983, and the formula, of French origin and inspired by the concept already existing in Paris and Geneva, has remained the same for all these years: the steak, its fries and its secret sauce! With its stone walls, and terrace in summer, our French bistro promises a warm experience … and tasty!

L'Entrecôte Saint-Jean offers the best steak and fries inside the fortified city. Fine grilled entrecote and mustard sauce secretly guarded, fries homemade matches, walnut salad, chocolate profiteroles … A real delight in a warm atmosphere.

(Source : http://www.entrecotesaintjean.com)

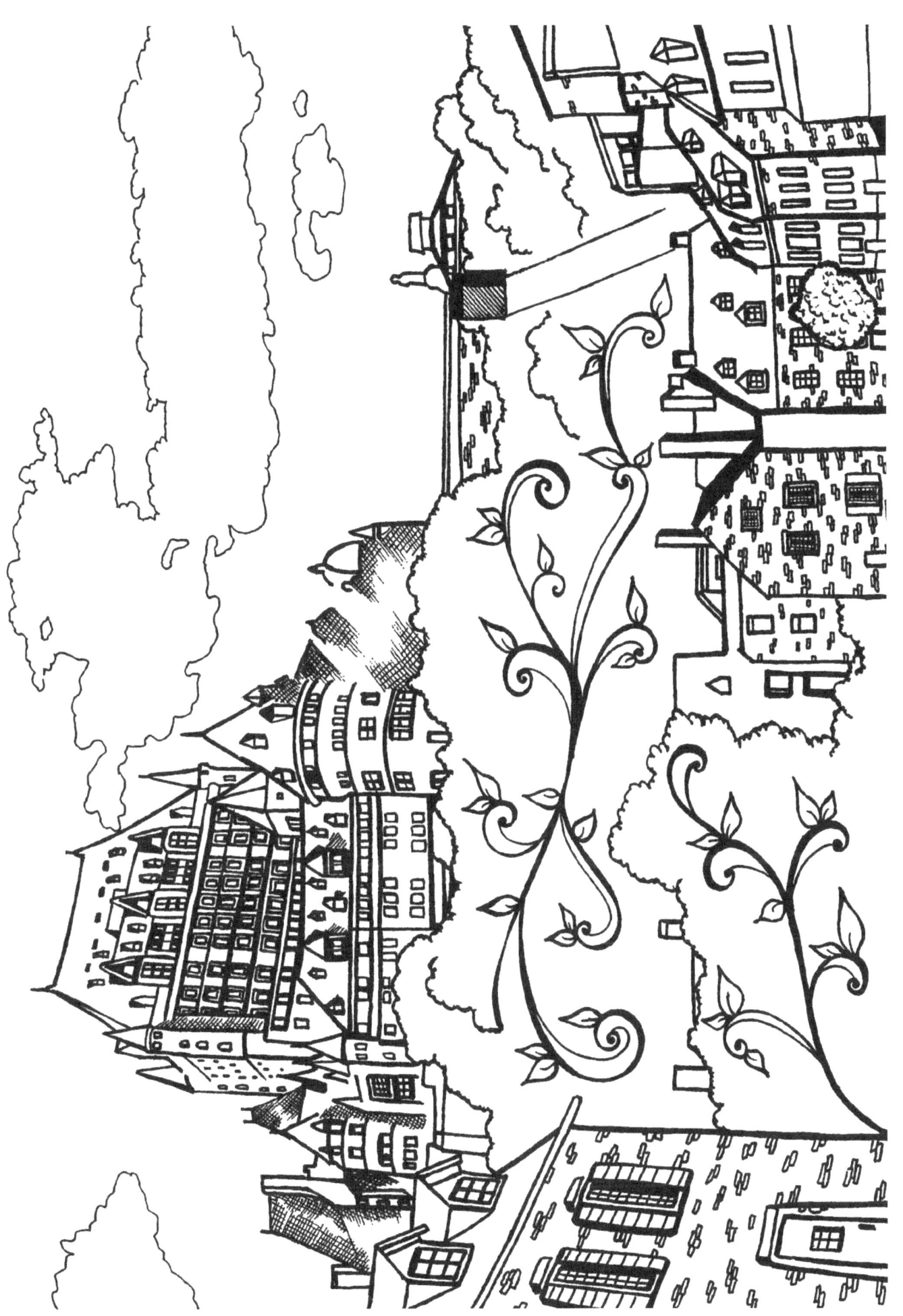

Autres faits intéressants sur le Château Frontenac

L'épouse de Frontenac, Anne de la Grange-Trianon, n'a jamais mis les pieds en Nouvelle-France. Le couple a fait connaissance à la cour, alors qu'Anne était âgée de 16 ans. Ils se sont mariés en secret. Madame étant copine avec les maîtresses de Louis XIV, elle est restée à la cour pour aider son mari en coulisses, où, paraît-il, elle a été d'une grande utilité.

Tel que Frontenac l'avait demandé, à sa mort, son cœur fut envoyé en France à sa douce. Quand elle le reçut, elle éclata de rire avant de demander ce qu'elle pourrait bien faire du cœur d'un homme mort qu'elle avait à peine connu de son vivant, puis le renvoya en Nouvelle-France. On raconte qu'il s'est brisé de chagrin et que, depuis, le fantôme de Frontenac erre dans le Château.

Des fouilles archéologiques réalisées par Parcs Canada sous la terrasse Dufferin ont pu mettre au jour les vestiges du fort et des châteaux Saint-Louis, où a vécu Frontenac. Il est possible de les visiter pendant l'été, et même de prendre part à des fouilles archéologiques en famille. Le lieu historique national des Fortifications-de-Québec permet aussi de découvrir les vestiges du système défensif mis en place entre 1608 et 1871.

Other Interesting facts about the Chateau Frontenac

Frontenac's wife, Anne de la Grange-Trianon, never set foot in New France. The couple met at the court, while Anne was 16 years old. They married in secret. Madame being friends with the mistresses of Louis XIV, she remained at court to help her husband behind the scenes, where, it seems, she was of great help.

Prior to his death, Frontenac requested, that his heart be sent to his beloved in France. When she received it, she burst out laughing before asking what you want me to do with the heart of a dead man that I hardly knew when he was living, and then sent it back to New France. Rumour has it that his heart broke with sorrow, and this his Frontenac's ghost roams through the Château.

Archaeological excavations carried out by Parks Canada under the Dufferin Terrace were able to uncover the remains of the Fort and Saint-Louis castles, where Frontenac lived. It is possible to visit them during the summer, and even to take part in archaeological digs with the family. The Fortifications of Québec National Historic Site is also used to discover the remains of the defensive system established between 1608 and 1871.

(Source: Source : http://avenues.ca/info-voyage/10-choses-a-propos-chateau-frontenac)

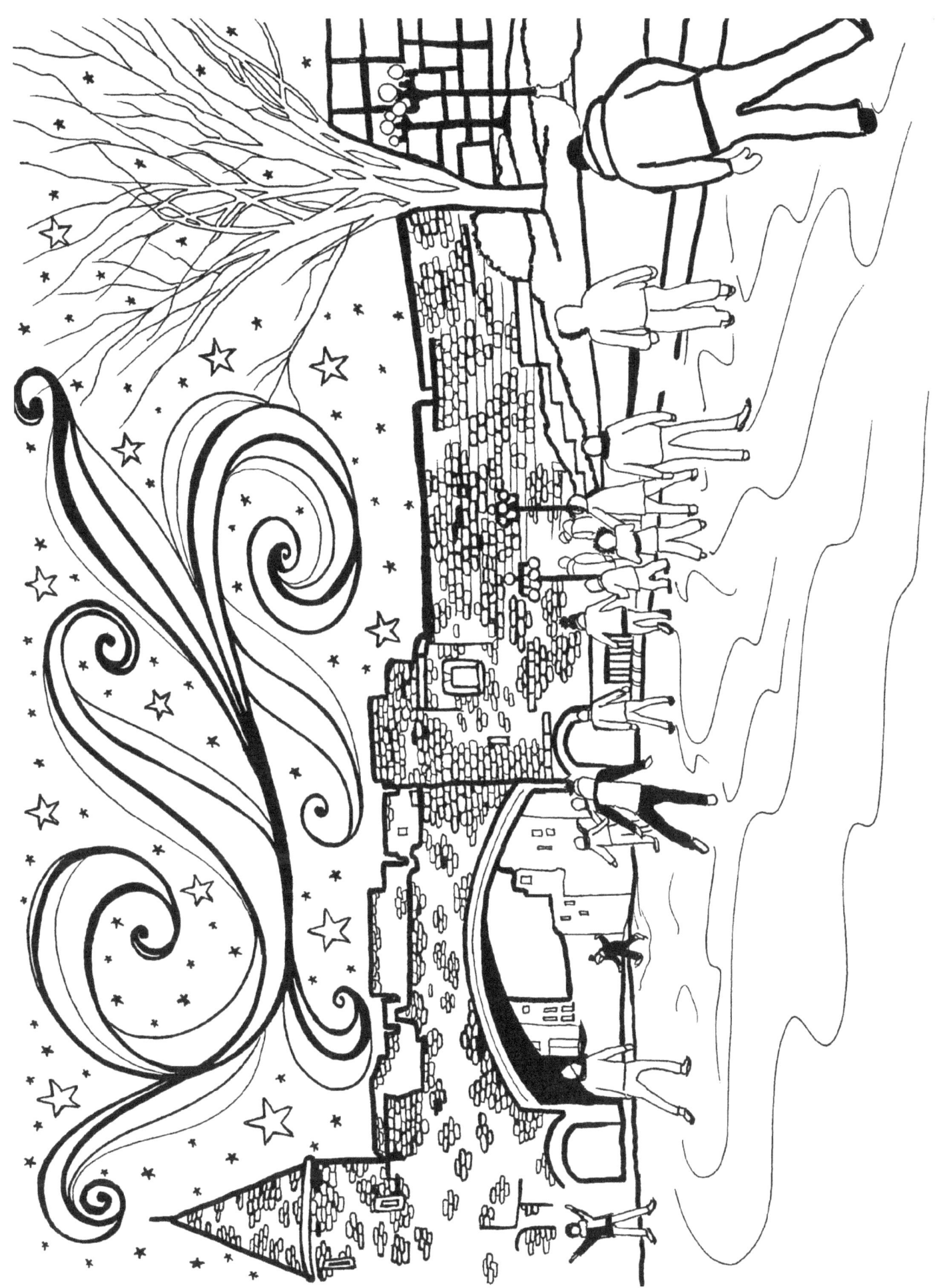

La Place d'Youville

La parcelle sur laquelle est campé le carré d'aujourd'hui est occupée depuis les années 1730 et fait historiquement partie du faubourg Saint-Jean. Les bâtiments y étant construits sont démolis en 1815 pour y aménager un glacis devant les fortifications. Celui-ci est nivelé en 1871 pour ensuite faire place au marché Montcalm. Cette portion de terre sera remodelée en aire gazonnée en 1932 après la fermeture du marché alors que le Palais Montcalm est construit tout juste au sud.

La place D'Youville vers 1870

Des rénovations terminées en 1987 donnent un caractère public et moderne à cette place. Une année plus tard, l'aménagement censé favoriser la flânerie et un mode de vie axée sur le divertissement se retrouve toutefois à n'être principalement fréquenté que par des jeunes de la rue, notamment la nuit où en plus, des groupes se forment aux abords des fortifications et le long de la rue Saint-Jean. Au début des années 1990, une guerre ouverte avec des commerçants a lieu et la Ville de Québec déclare une politique de tolérance zéro vis-à-vis des jeunes flâneurs en 1996. Des émeutes lors de la Saint-Jean-Baptiste s'y produisent également en 1991, 1994, 1996 et 1997.

Outre les marches d'escalier menant au Palais Montcalm, son principal mobilier urbain, un kiosque, est démoli en 2016 puisqu'il entravait la réfection de la patinoire.

La Place D'Youville

The parcel on which is encamped the square of today is occupied since the years 1730 and is historically part of the suburb Saint-Jean. The buildings built there are demolished in 1815 to create a glaze in front of the fortifications. It is leveled in 1871 to make way for the Montcalm market. This portion of land will be remodeled in a grassed area in 1932 after the closure of the market while the Palais Montcalm is built just to the south.

Place D'Youville around 1870

Renovations completed in 1987 give a public and modern character to this place. A year later, the development intended to encourage loitering and an entertainment-oriented way of life, however, finds itself mainly only frequented by street youth, especially at night when, in addition, groups around the fortifications and along rue Saint-Jean. In the early 1990s, an open war with traders took place and the City of Quebec declared a policy of zero tolerance vis-à-vis young strollers in 1996. Riots during the Saint-Jean-Baptiste occur also in 1991, 1994, 1996 and 1997.

In addition to the stairway leading to Palais Montcalm, its main street furniture, a kiosk, was demolished in 2016 as it impeded the refurbishment of the rink.

(Source: Wikipedia)

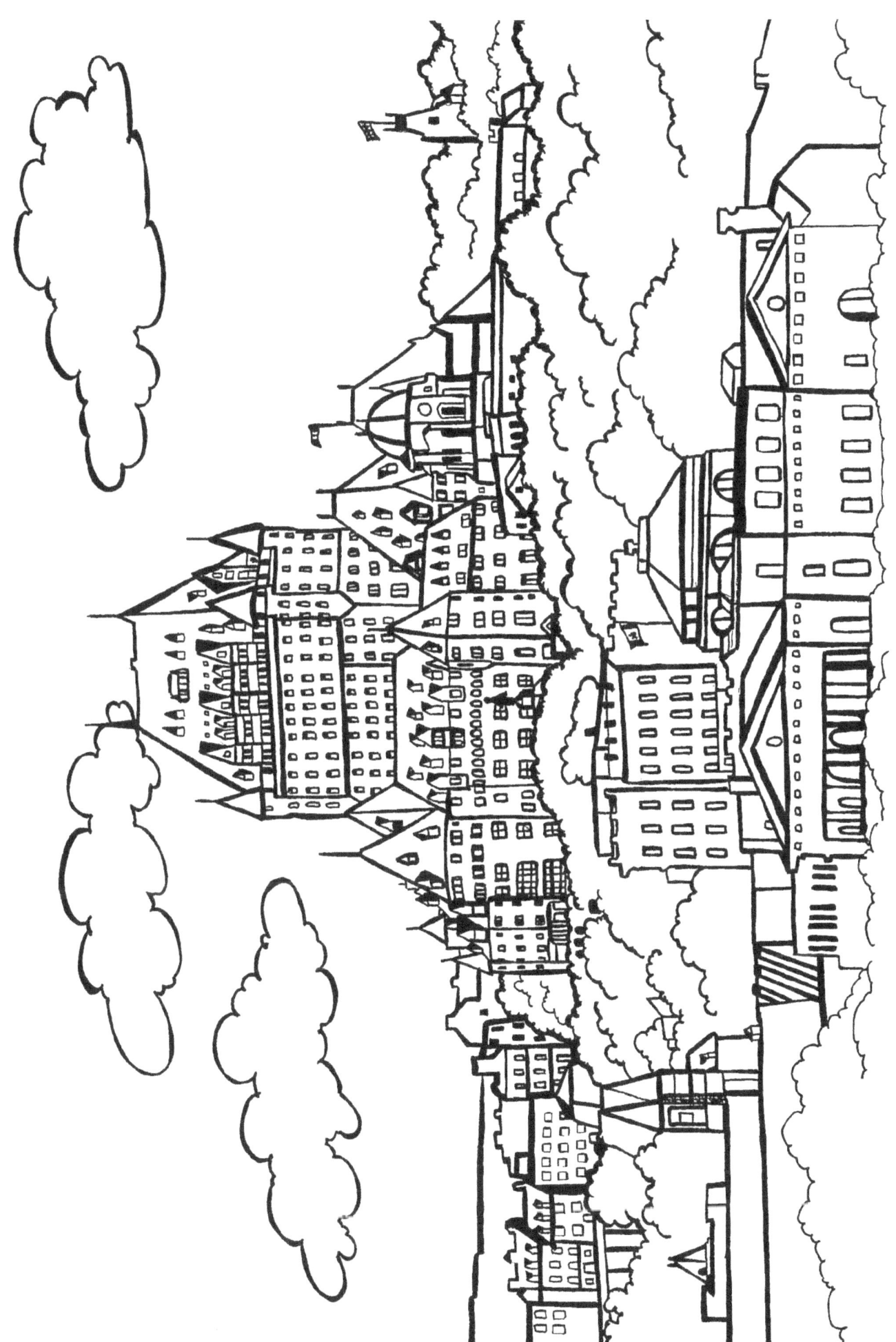

INTÉRESSANT À SAVOIR

Le Château a été réquisitionné pendant deux semaines par le gouvernement fédéral en 1943. Il a alors accueilli Winston Churchill, premier ministre du Royaume-Uni de Grande-Bretagne, Franklin D. Roosevelt, président des États-Unis et William Lyon Mackenzie King, premier ministre du Canada. Tous les clients, de même que les résidents permanents de l'hôtel, dont Maurice Duplessis, qui y vivait, ont dû quitter les lieux sans en connaître la raison. « La planification générale du débarquement de la Normandie s'est faite à Québec », résume le guide.

INTERESTING TO KNOW

The Château was requisitioned for two weeks by the Federal Government in 1943. It then welcomed Winston Churchill, Prime Minister of the United Kingdom of Great Britain, Franklin D. Roosevelt, President of the United States, and William Lyon Mackenzie King, Prime Minister of Canada. All the customers, as well as the permanent residents of the hotel, including Maurice Duplessis, who lived there, had to leave without knowing the reason. "The general planning of the landing of Normandy was done in Quebec," the guide summarizes.

(Source et photo: Wikipedia)

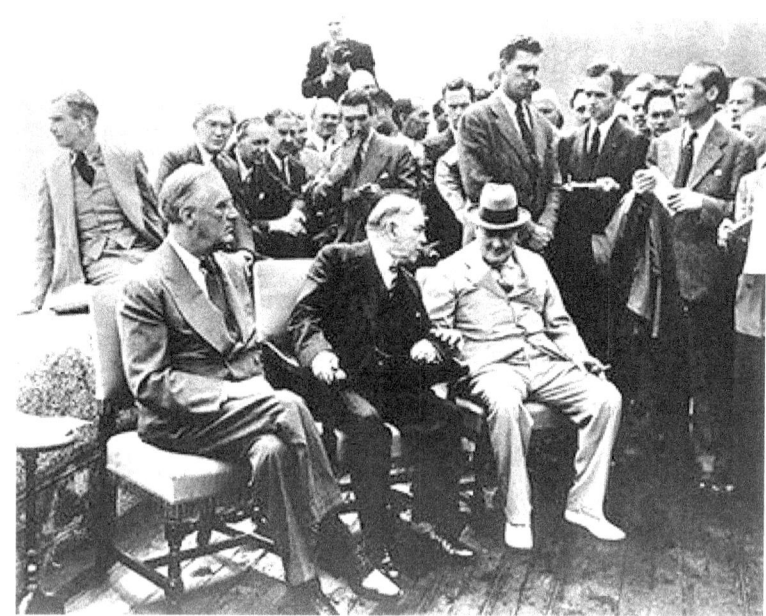

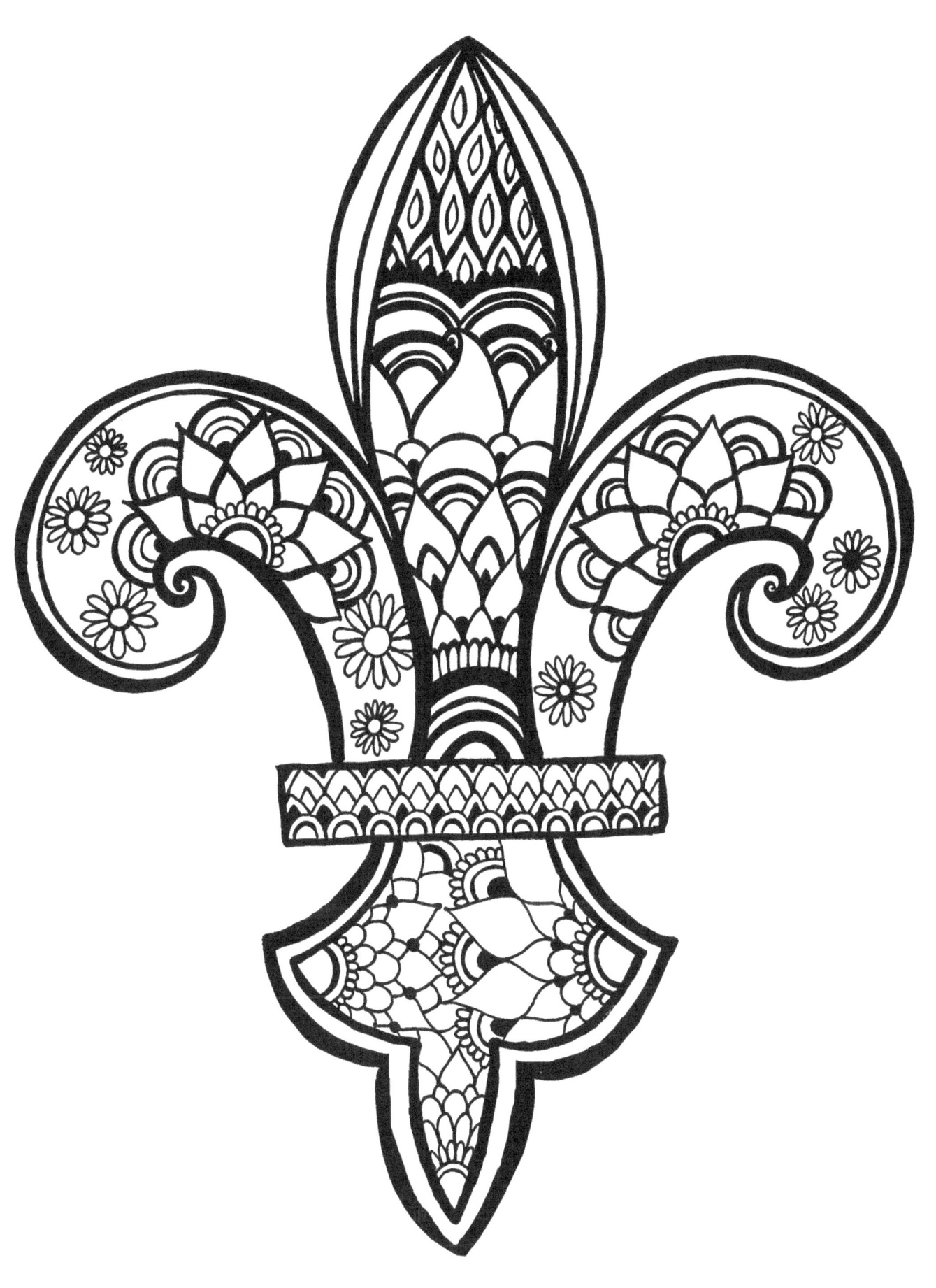

Fleur-de-Lys

The fleur-de-lys, a symbol of the French presence in North America, has featured on the Québec flag since 1948 and appears on the flags of several other French-speaking communities in Canada and the United States.

Halifax is the largest city in the Atlantic Provinces. Most of the 7,000 Francophones are Acadians9. Chezetcook West and Grand Desert, in the east end of the city, are two old Acadian villages. This culture was present in the 1950s and few people today. Halifax is a cosmopolitan city and most Acadians are scattered. Halifax is the only community easily accessible by plane and train, and is well served by road

---

La fleur de lys, symbole de la présence française en Amérique du Nord, figure sur le drapeau du Québec depuis 1948 et sur les drapeaux de plusieurs autres communautés francophones du Canada et des États-Unis.

Halifax est la plus grande ville des provinces Atlantiques. La plupart des 7000 francophones sont Acadiens. Chezetcook-Ouest et Grand-Désert, dans l'est de la ville, sont deux anciens villages acadiens.

Cette culture y fut présente jusque dans les années 1950 et peu d'habitants parlent aujourd'hui le français. Halifax est une ville cosmopolite et la majorité des Acadiens y sont éparpillés bien qu'ils possèdent certaines institutions. Halifax est la seule communauté facilement accessible en avion et en train, en plus d'être bien desservie par la route.

(Source: Wikipedia + https://www.thecanadianencyclopedia.ca/en/article/fleur-de-lys)

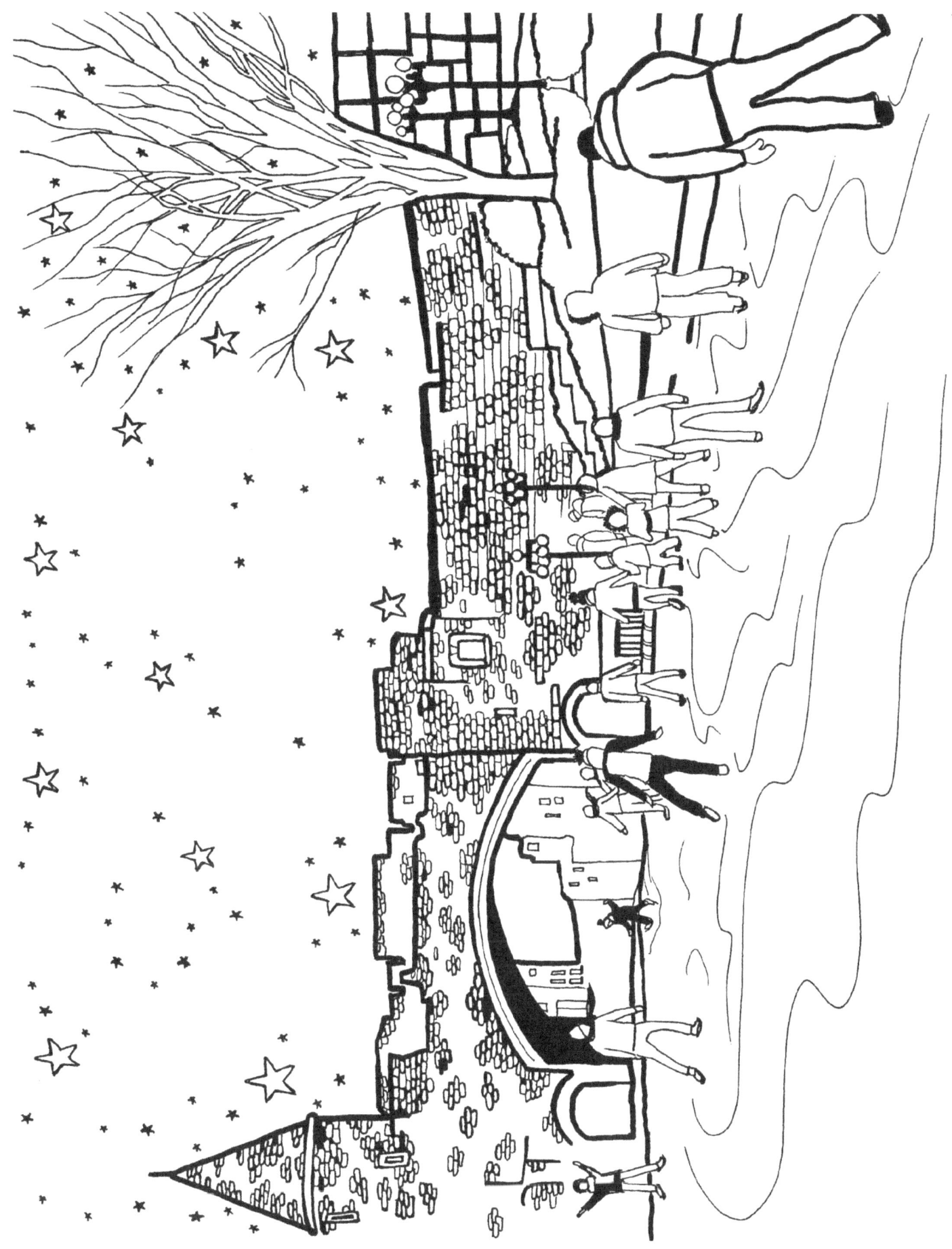

La place D'Youville

La place D'Youville, aussi appelé le carré D'Youville, est une place fréquentée située au cœur de la ville de Québec, sur la rue Saint-Jean. Cet espace marque la frontière entre la colline parlementaire et le Vieux-Québec et est nommée en l'honneur de Marguerite d'Youville.

De façon plus large, le terme peut englober en plus du carré à proprement parler le terminus d'autobus de la place D'Youville du RTC, le Palais Montcalm et le Théâtre Capitole ainsi que les abords immédiats. Le square sert patinoire extérieure durant l'hiver et à son ouest on retrouve la sculpture *Les Muses* d'Alfred Laliberté, don du Gouvernement du Québec pour le 375e anniversaire de la ville en 1983.

La place D'Youville

Place D'Youville, also known as D'Youville Square, is a busy square located in the heart of Quebec City on Saint-Jean Street. This space marks the border between Parliament Hill and Old Quebec and is named in honor of Marguerite d'Youville.
More broadly, the term may include, in addition to the actual square, the bus terminus on Place D'Youville, the RTC Montcalm Palace and the Capitole Theater, as well as the immediate surroundings. The square serves as an outdoor rink during the winter, and to its west is Alfred Laliberté's Les Muses sculpture, donated by the Quebec government for the 375th anniversary of the city in 1983.

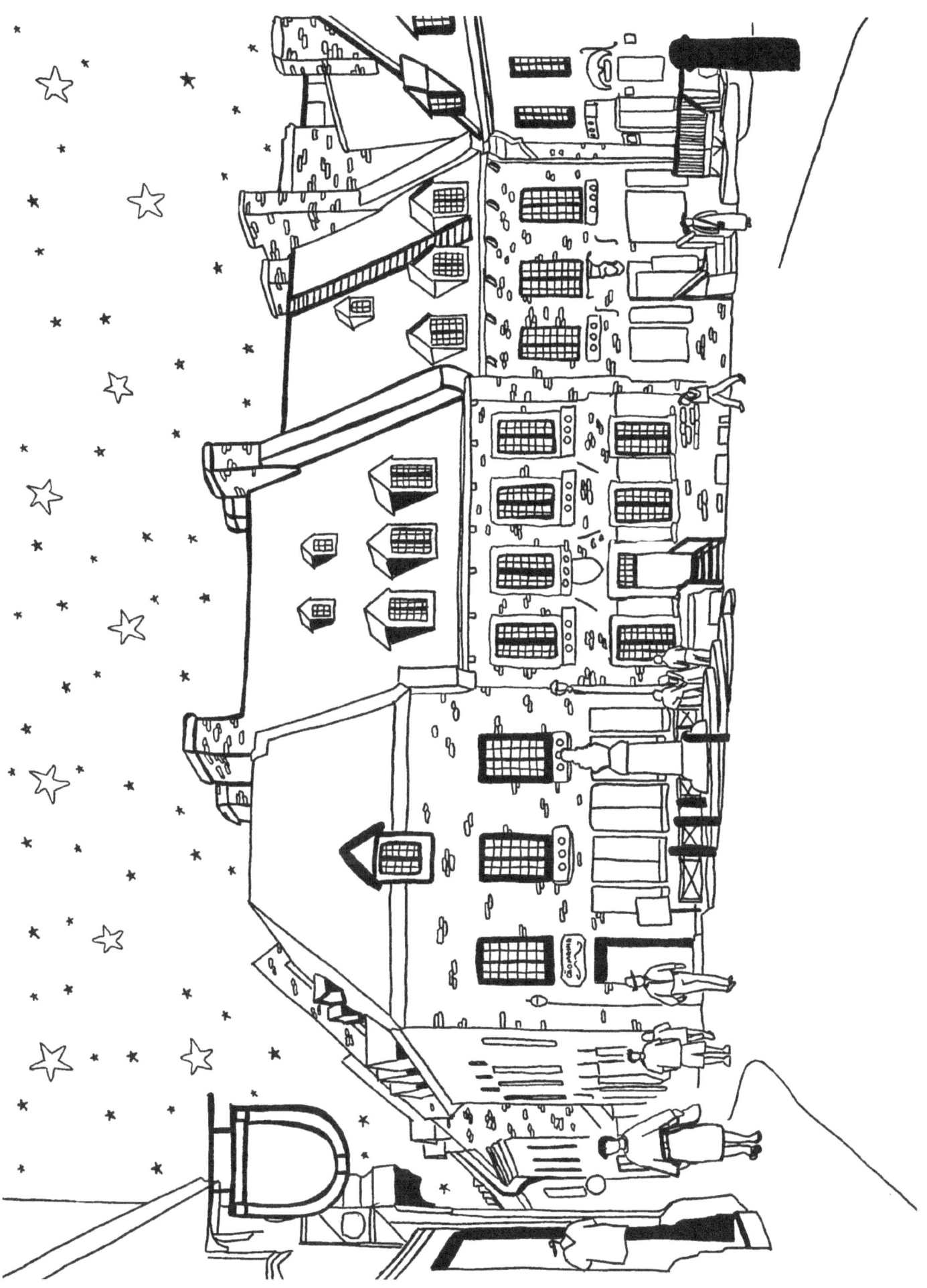

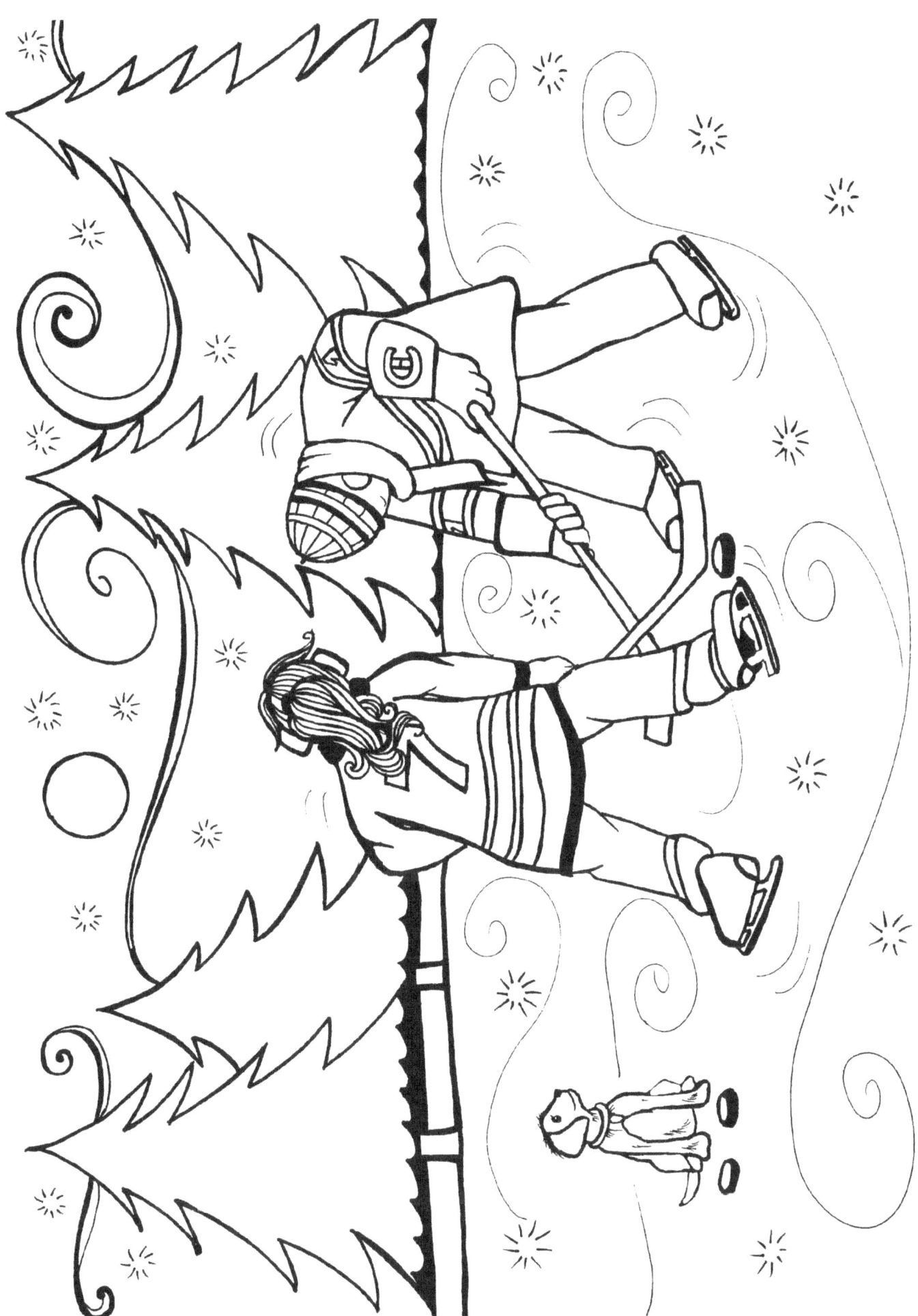

HOCKEY

'Hockey's place in Canadian culture is closer to religion than a simple sporting pastime, a unifying force in a country of 33 million people that is often split by politics and language. The sport is part of the national identity, a rite of passage between fathers and sons and more recently mothers and daughters as the game has evolved beyond its traditional gender boundaries. Generations of Canadians grew up listening to Hockey Night in Canada on the radio and decades later the Saturday night tradition continues intact on high-definition television.'

'In Canada, which regards itself as the birthplace of the game, it is simply referred to as "hockey," and anyone describing it any other way risks a disdainful look or a puck in the head. From Newfoundland to Vancouver Island hockey touches the lives of Canadians young and old. Children are introduced to the game at an early age, some learning to skate and hold a stick as soon as they can walk, while some people go to their graves wearing team jerseys. Hockey is a contradiction of graceful skill and brutal violence that runs counter to Canadians' modest, polite image, and novelist Hugh MacLennan theorized that the sport gave Canadians the same release that "strong liquor gives a repressed man.'

'La place du hockey dans la culture canadienne est plus proche de la religion que d'un simple passe-temps sportif. C'est une force unificatrice dans un pays de 33 millions d'habitants souvent divisé par la politique et la langue. Le sport fait partie de l'identité nationale, un rite de passage entre pères et fils et plus récemment mères et filles, car le jeu a évolué au-delà de ses frontières du genre traditionnelles. Des générations de Canadiens ont grandi en écoutant l'émission Hockey Night In Canada à la radio et, des décennies plus tard, la tradition du samedi soir se poursuit intacte à la télévision haute définition.'

'Au Canada, qui se considère comme le berceau du jeu, on l'appelle simplement « hockey »et quiconque le décrit d'une autre manière risque de lui donner un regard dédaigneux ou une rondelle dans la tête.'

'De Terre-Neuve à l'île de Vancouver, le hockey touche la vie des jeunes et des moins jeunes. Les enfants sont initiés au jeu dès leur plus jeune âge. Certains apprennent à patiner et à tenir un bâton dès qu'ils savent marcher, tandis que d'autres se rendent sur leur tombe en portant leur maillot d'équipe. Le hockey est une contradiction puisque la violence brutale de ce sport va à l'encontre de l'image modeste et polie des Canadiens, et dont le romancier Hugh MacLennan a émis l'hypothèse selon laquelle le sport a donné aux Canadiens ce que « l'alcool fort donne à un homme refoulé ». '

(Source: https://www.reuters.com/article/us-olympics-ice-hockey-canada)

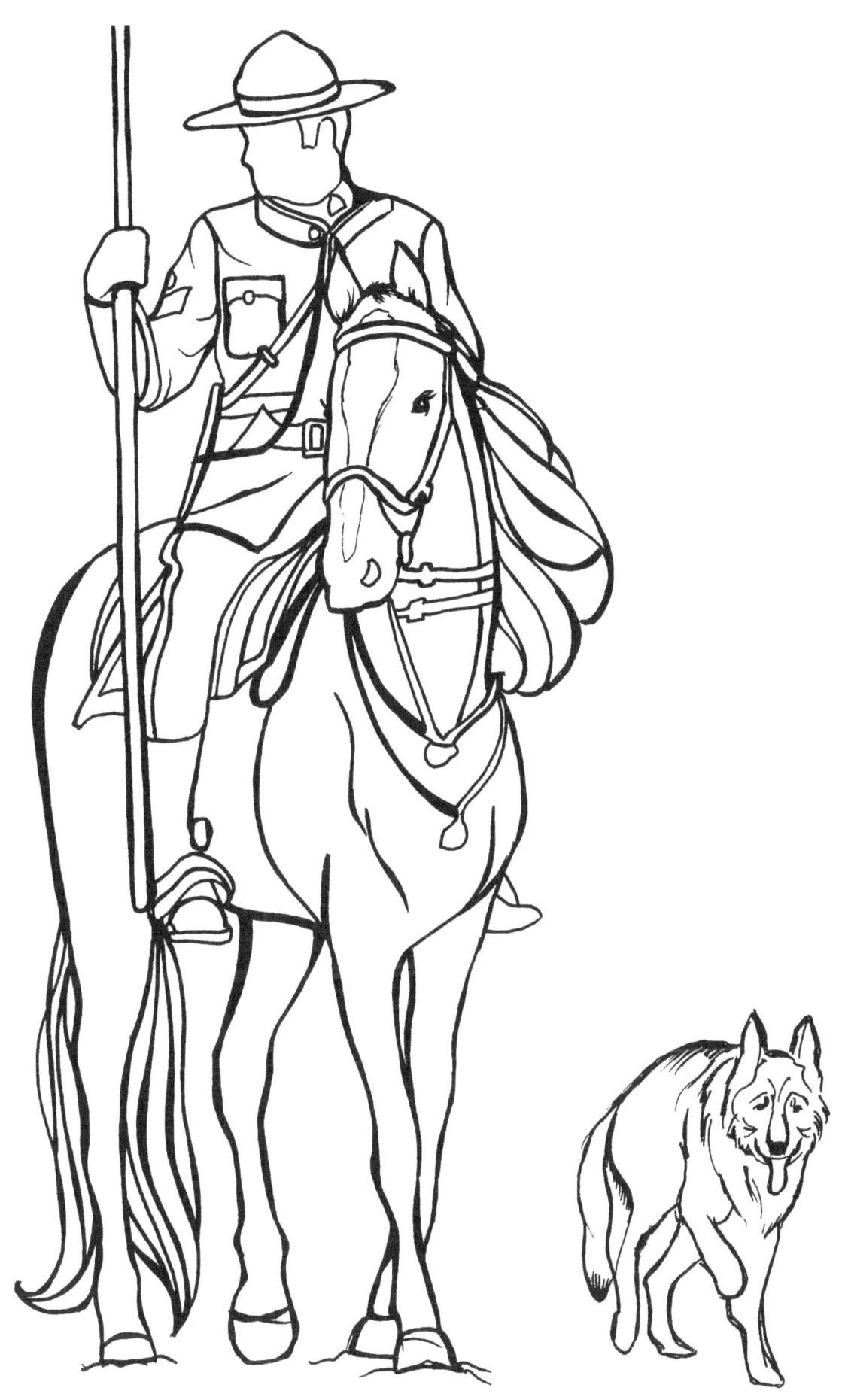

Royal Canadian Mounted Police (RCMP), formerly (until 1920) North West Mounted Police, by name Mounties, Canada's federal police force. It is also the provincial and criminal police establishment in all provinces except Ontario and Quebec and the only police force in the Yukon and Northwest territories. It is responsible for Canadian internal security as well.

Founded in 1873, it was originally called the North West Mounted Rifles, but the reaction of the United States to the idea of an armed force patrolling the border caused the name to be changed to the North West Mounted Police. The force's first installation was Fort McLeod, in the province of Alberta, and it was the only authority for 300,000 square miles (800,000 square km) of wilderness. The original force of 300 men was sent to deal with traders from the United States who were creating havoc among the Indians by trading cheap whiskey for buffalo hides. With a combination of tact and dogged persistence, the Mounties succeeded in driving these men back across the border and pacifying the Indians. Their just treatment of the Indians resulted in the neutrality of the powerful Blackfoot Confederacy during the Riel Rebellion of 1885.
As the only authority in the region, the force assumed a wide variety of duties. Under its surveillance, the western extension of the Canadian Pacific Railway was completed in 1885. Anticipating the gold rush of 1898, the Mounties preceded the first wave of prospectors to the Yukon. As more than 300,000 settlers poured into Canada after the turn of the 20th century, the Mounties were of considerable assistance to those inexperienced in wilderness survival. In 1904 the prefix "Royal" was added to their name, and in 1920, when it became a federal force throughout Canada, the present name was adopted, and the headquarters were moved from Regina to Ottawa.

La Gendarmerie royale du Canada (GRC), anciennement (jusqu'en 1920) la Police à cheval du Nord-Ouest, nommée Mounties, la force de police fédérale du Canada. C'est également la police provinciale et la police criminelle dans toutes les provinces sauf l'Ontario et le Québec et la seule force de police au Yukon et dans les territoires du Nord-Ouest. Il est également responsable de la sécurité intérieure du Canada.

Fondé en 1873, il s'appelait à l'origine «North West Mounted Rifles», mais la réaction des États-Unis à l'idée d'une force armée patrouillant à la frontière a entraîné le changement de nom pour celui de Police à cheval du Nord-Ouest. La première installation de la force a été Fort McLeod, dans la province de l'Alberta, et elle était la seule autorité pour 800 000 kilomètres carrés de zones sauvages. La force initiale de 300 hommes a été envoyée pour traiter avec des commerçants américains qui faisaient des ravages parmi les Indiens en échangeant du whisky bon marché contre des peaux de buffle. Combinant tact et persévérance, la police montée a réussi à repousser ces hommes vers la frontière et à apaiser les Indiens. Leur traitement juste des Indiens aboutit à la neutralité de la puissante Confédération Blackfoot lors de la rébellion de Riel en 1885. En tant que seule autorité dans la région, la force assumait une grande variété de tâches. Sous sa surveillance, le prolongement à l'ouest de la voie ferrée du Canadien Pacifique a été achevé en 1885. Anticipant la ruée vers l'or de 1898, la police montée a précédé la première vague de prospecteurs au Yukon. Alors que plus de 300 000 colons se sont installés au Canada après le tournant du XXe siècle, les gendarmes ont été d'une aide considérable pour ceux qui n'avaient pas l'expérience de la survie en pleine nature. En 1904, le préfixe «Royal» fut ajouté à leur nom. En 1920, lorsqu'il devint une force fédérale dans tout le Canada, le nom actuel fut adopté et le quartier général fut déplacé de Regina à Ottawa.

Source: https://www.britannica.com/topic/Royal-Canadian-Mounted-Police

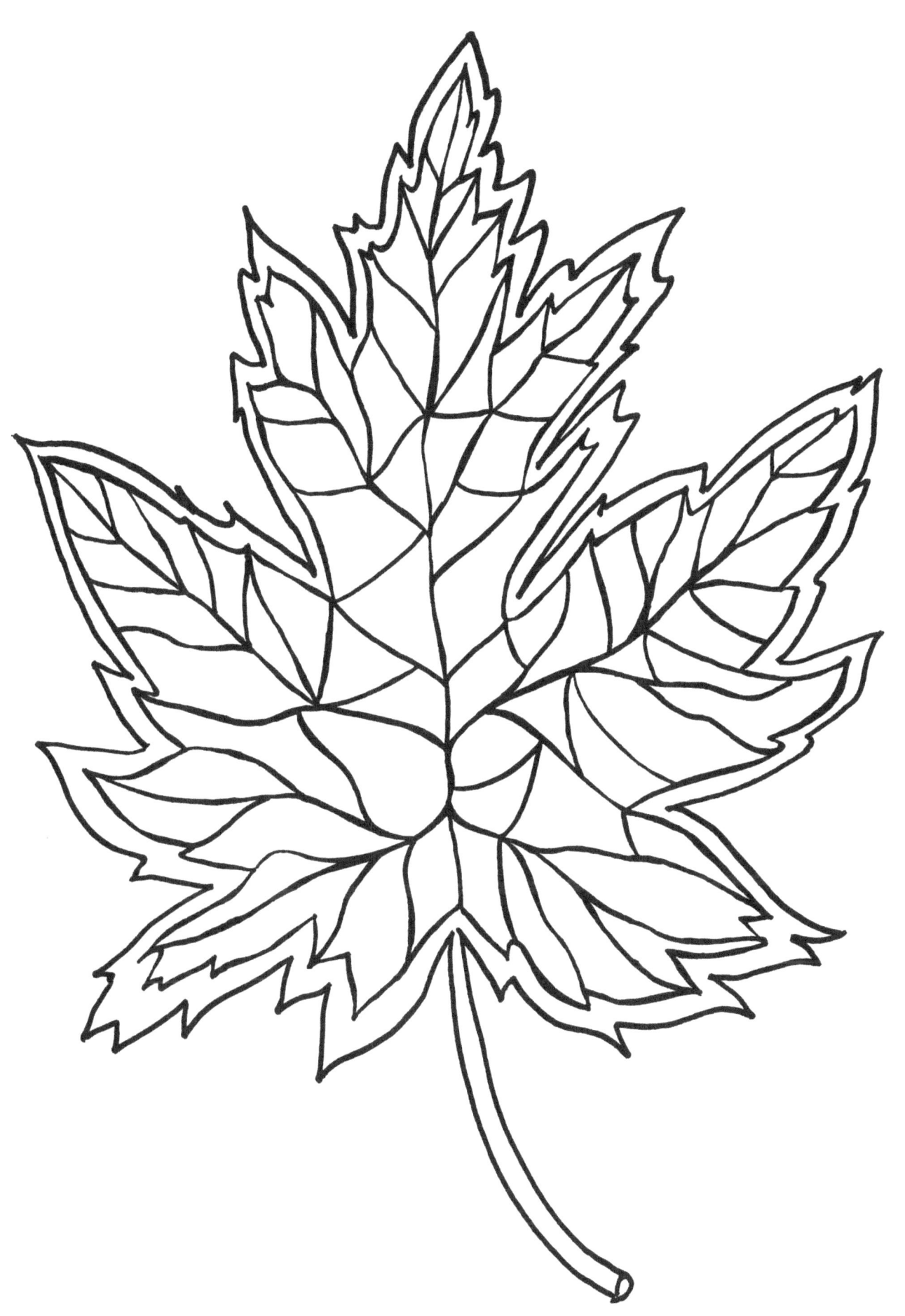

First and foremost: The Canadian Maple leaf symbolizes unity, tolerance, and peace.

A little bit of history...

The maple tree and its distinctive leaves are more than a fixture of Canada's natural beauty. 10 varieties of maple grow in Canada, so the tree is abundant and recognizable throughout the country. The maple leaf has been adopted by national groups, placed on the coat of arms and used as the centerpiece of the nation's flag.

In 1925, debate over a national flag began in the Canadian Privy Council, a group of consultants for the British queen. The group wanted a design that would represent Canada's independence and unity, but members could not decide on a final product. Parliament picked up the search for a national flag in 1946, but after more than 2,600 submissions, they never voted on a design.

It wasn't until 1965 that Canada finally adopted the red maple leaf with red and white accents, a design that had been featured on Olympic athletes' uniforms since 1904. The Maple leaf as a national symbol. In 1834 the St. Jean-Baptiste Society, a French-Canadian patriotic group, adopted the maple leaf as their group symbol. In 1836 the newspaper "Le Canadien" named the maple leaf the official symbol of Canada, and by 1860 members of the Regiment of Royal Canadians were sporting the leaf on their badges. The leaf was featured on both the British and French-Canadian coat of arms, and it's been used on currency since the end of the 19th century. It was also a Canadian military symbol during both World Wars. The maple was designated as Canada's national tree in 1996.

D'abord et avant tout: La feuille d'érable canadienne symbolise l'unité, la tolérance et la paix.

Un peu d'histoire...

L'érable et ses feuilles distinctives sont plus qu'un élément de la beauté naturelle du Canada. 10 variétés d'érables poussent au Canada, ce qui en fait un arbre abondant et reconnaissable dans tout le pays. La feuille d'érable a été adoptée par des groupes nationaux, placée sur le blason et utilisée comme pièce maîtresse du drapeau national.

En 1925, le Conseil privé du Canada, un groupe de consultants de la reine britannique, commença à débattre d'un drapeau national. Le groupe souhaitait un modèle qui représenterait l'indépendance et l'unité du Canada, mais les membres ne pourraient pas choisir un produit final. Le Parlement a commencé à chercher un drapeau national en 1946, mais après plus de 2 600 soumissions, il n'a jamais voté pour un dessin.

Ce n'est qu'en 1965 que le Canada a finalement adopté la feuille d'érable rouge aux accents rouges et blancs, un motif qui figurait sur l'uniforme des athlètes olympiques depuis 1904. La feuille d'érable comme symbole national En 1834, la Société Saint-Jean-Baptiste, un groupe patriotique franco-canadien, adopta la feuille d'érable comme symbole de groupe. En 1836, le journal "Le Canadien" désigna la feuille d'érable comme symbole officiel du Canada et, en 1860, les membres du Régiment of Royal Canadian arboraient la feuille avec leur badge. La feuille figurait sur les armoiries britannique et canadienne-française, et était utilisée sur la monnaie depuis la fin du 19e siècle. C'était également un symbole militaire canadien pendant les deux guerres mondiales. L'érable a été désigné comme arbre national du Canada en 1996.

(Source: https://classroom.synonym.com/why-is-the-maple-leaf-a-canadian-symbol-12078959.html)

About You-Color and Nancy Beliveau, Artist and CEO:

Over years of working in a corporate environment in Montreal, Nancy discovered the benefits of coloring as a way to relax and recharge from the go-go demands of work and a modern lifestyle. As an artist and animator, Nancy was soon creating her own art for others to color and enjoy--finally leaving her job to establish You-Color to respond to a growing demand for her coloring books. Today, you can find many of her coloring books on Amazon.com

À propos de You-Color et de Nancy Béliveau, artiste et chef de la direction:

Au cours de nombreuses années au sein d'une entreprise montréalaise, Nancy a découvert les avantages de la coloration comme moyen de se détendre et de se ressourcer grâce aux exigences du travail et à un style de vie moderne. En tant qu'artiste et animatrice, Nancy a rapidement créé son propre art pour que les autres puissent la colorier et l'apprécier - et a finalement quitté son travail pour créer You-Color afin de répondre à la demande croissante pour ses livres à colorier. Aujourd'hui, vous pouvez trouver plusieurs de ses livres de coloriage sur Amazon.com.

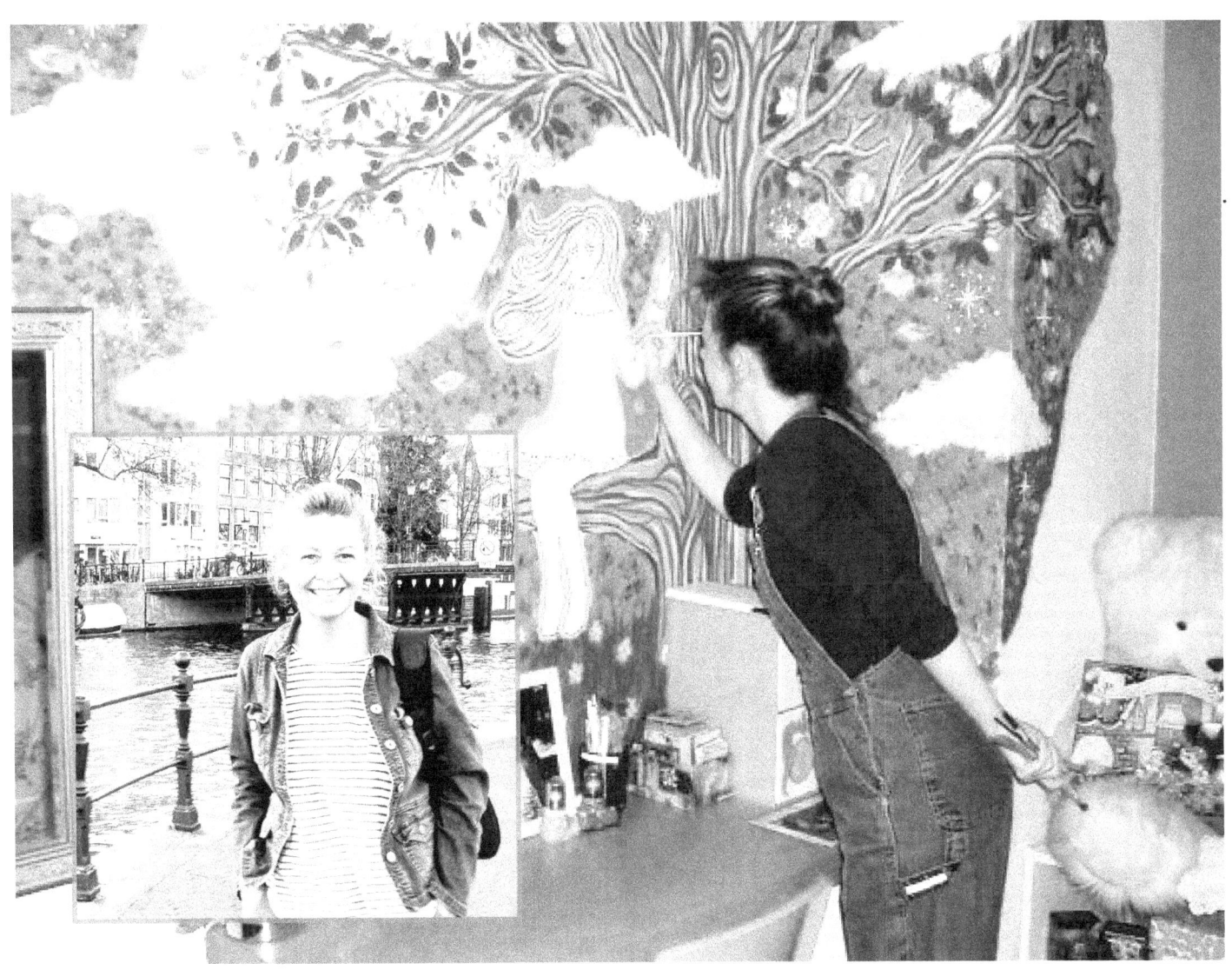